KLEINE AUSZEITEN
IN

-FRANKEN-

KLEINE AUSZEITEN IN -FRANKEN-

RAINER D. KRÖLL

WOCHENEND & WOHNMOBIL

CAMPING- & STELLPLÄTZE · HIGHLIGHTS · AKTIVITÄTEN

BRUCKMANN

INHALT

Mystische Nebelstimmung im Schwarzen Moor in der Rhön

FACHWERKHÄUSER & WEINBERGE

Natur und Kultur erleben in Franken

Soweit das Auge reicht, steht der Wein auf den Hängen.

Franken ist das perfekte Reiseland für vielfältige Entdeckungen - nicht umsonst führen die touristischen Routen Burgenstraße, Romantische Straße und Straße der Residenzen durch weite Teile dieser Region im Norden Bayerns. Die abwechslungsreichen und gegensätzlichen Landschaften sind in der Geografie und Geologie begründet.

Wer sich Franken als Urlaubsregion auserkoren hat, den erwarten nicht nur geschichtsträchtige Städte, Museen und Burgen. Die offenen Fernen der Rhön verführen zum Träumen, während die tiefen Wäldern im Spessart wie Magie wirken. Weinfranken, mit mildem Klima gesegnet, wird vom Main und Wein geprägt, Bierfranken wiederum ist nur eine der gastfreundlichen Genussregionen Frankens. Die Fränkische Schweiz lockt als beliebtes Traumland mit feenhaften Felsgestalten, der Gottesgarten im Obermain-Jura mit Inspiration. Den Frankenwald und das Fichtelgebirge durchzieht der Fränkische Gebirgsweg zu aussichtsreichen Höhen. Nicht zuletzt zeigen Bamberg, Nürnberg, Bayreuth, Würzburg, Bad Kissingen und Städte an der Romantischen Straße ihre mittelalterliche Kultur im Zeichen des UNESCO-Kulturerbes. Und das Fränkische Seenland erfüllt die Träume der Wassersportler und Badenixen.

REISEN IN FRANKEN

Mit dem eigenen kleinen Wohnmobil kommt man am bequemsten überall hin. Auf kleineren Ortsverbindungsstraßen in abgelegenen Gegenden stoßen größere Wohnmobile allerdings an ihre Grenzen. Besonders Parkplätze an den Sehenswürdigkeiten und in Städten können ein Problem darstellen. Glücklich, wer ein E-Bike besitzt.

In den kleinräumigen Zielgebieten empfiehlt es sich, von einem Camping- oder Stellplatz aus alles Sehenswerte zu erkunden. Dafür kann man das eigene Wohnmobil einfach stehen lassen und das gut ausgebaute öffentliche Verkehrsnetz nutzen. In der Saison werden außerdem touristische Buslinien angeboten, damit man die langen Wanderrouten schaffen kann. Auch anspruchsvolle Touren lassen sich so organisieren (Auskunft erhält man in den örtlichen Touristinformationen).

Ein Kontakt zu den Fremdenverkehrsbüros lohnt ohnehin immer, denn es stehen oftmals Fahrpläne, besondere Tickets und Gästekarten zur

Verfügung, die Vergünstigungen, etwa für Museen oder den öffentlichen Nahverkehr, bedeuten. Auch in den Städten gibt es für Touristen eigene interessante Ticket-Angebote. Nicht zuletzt sind dort aktuelle Informationen zur Region erhältlich.

STELLPLÄTZE IN FRANKEN

Ein »hübsches Plätzchen« für das Wohnmobil, auf dem man sein Zuhause auf Zeit einrichtet, findet sich in Franken eigentlich immer. Dafür sorgen mehr als 280 ausgewiesene Wohnmobilstellplätze. Diese liegen zum Beispiel am Fuße der Weinberge, in direkter Nachbarschaft der fränkischen Thermen oder auch nur einen Steinwurf von den historischen Altstädten Frankens entfernt, die man vom Stellplatz oft sogar in wenigen Minuten zu Fuß erreichen kann.
Doch nicht nur die Lage der fränkischen Stellplätze ist dabei ausgezeichnet. Viele von ihnen wurden aufgrund ihrer Qualität bereits mehrfach prämiert. Mit dem perfekten Stellplatz als Basis eröffnet sich schließlich die ganze Vielfalt der Freizeitmöglichkeiten in Franken. Vielleicht eine Kulturtour, eine Landpartie mit dem Rad oder Wasserwandern? Oder lieber eine Wanderung in den Weinbergen, zu Felsen und Wäldern – bei Wohnmobiltouren in Franken ist für jeden Geschmack und alle Bedürfnisse das Richtige dabei (www.frankentourismus.de).

◀ SeeCamping Langlau ▶ Unterwegs auf dem Frankenwaldsteigla

Die Seltenbachschlucht bietet ein Naturschauspiel.

ZIELE UND AKTIVITÄTEN

Die Ziele stellen Kurztrips für die Reise mit dem Wohnmobil dar. Dabei kann nach Lust und Laune zwischen Städtetouren, Naturerlebnissen und stiller Urlaubsgegend gewählt werden. Es sind Ziele mit Genussfaktor, Abenteuer, Natur und Erholung. Und natürlich lassen sich die Ziele auch für einen längeren Aufenthalt kombinieren. Beispiele für Wanderungen, Radtouren oder kulturelle Unternehmungen sind in den Zielen angegeben. Über weitere Freizeitmöglichkeiten geben die Touristinformationen oder entsprechende Internetplattformen Auskunft.

BÜCHER, KARTEN UND BROSCHÜREN

Reiseführer, Wander- und Radwegkarten gibt es im Buchfachhandel (zum Beispiel die Freizeitkarten 1:50 000 der Landesvermessungsämter). Die örtlichen Touristinformationen und überregionalen Fremdenverkehrsämter halten eine große Menge an meist kostenlosen Informationsbroschüren und Karten bereit. Darunter sind auch Broschüren oder Übersichtskarten für spezielle Interessen zu finden wie zum Beispiel Radkarten, eine Über-

Weite Teile Frankens sind angenehm ländlich geprägt.

sicht der Museen, Campingplätze, Wandertipps, Erlebnisse für Kinder, Golfplätze, Wellness und vieles mehr. Es lohnt sich immer, bei den örtlichen Touristinformationen vorbeizuschauen oder sich Material vorab zuschicken zu lassen. Die zuständigen Touristinformationen sind am Ende der jeweiligen Zielbeschreibungen angegeben.

INTERNET

Natürlich gibt es auch zahlreiche Internetplattformen, die für die Reiseplanung genutzt werden können. Unter anderem haben alle Städte und Fremdenverkehrsorte ihre eigenen Seiten. Im Vorfeld der Reise sind folgende Adressen empfehlenswert: www.frankentourismus.de (Anreise und Urlaubsplanung), www.frankens-mehrregion.de (allgemeine Informationen und Führer durch die Regionen) und www.frankentourismus.de (Camping-, Stellplätze).

BESTE JAHRESZEIT

Natürlich ist ein Urlaub in Franken in den Sommermonaten am schönsten. Herrlich ist aber auch der Herbst mit seinen unvergleichlichen Farben, und das Wetter kann stabiler sein als im Sommer. Die Herbst- und Weinfeste locken viele Gäste an. Wer Blumen liebt, wird sich am Frühling oder am Frühsommer orientieren. Aber auch der Winter hat seine Reize. Die Weihnachtsmärkte in den romantischen Städten sind berühmt.

WETTER UND KLIMA

In Franken fällt mit 500 bis 900 Millimetern weniger Regen als im südlichen Bayern mit 2000 Millimeter Niederschlag jährlich. Für die momentanen Wetteraussichten eines bestimmten Ortes benutzt man am besten eine der örtlichen Wetterstationen. Allgemeinere Wettervorhersagen gestalten Internetplattformen wie zum Beispiel www.wetteronline.de.

WANDERUNGEN UND RADTOUREN

Franken ist ein herrliches Wandergebiet. Fernwanderwege und unzählige Themenwanderwege wie etwa der Fränkische Gebirgsweg durchziehen die Täler und Höhen. Alle Pfade sind im Gelände bestens ausgeschildert. Einige der Wandervorschläge sind den Büchern »Mystische Pfade Unterfranken«, »Wandergenuss Fränkische Schweiz und Oberfranken« und »Wandergenuss Mainfranken« des Verfassers entnommen, in dem sich genaue Wegbeschreibungen befinden (Bruckmann Verlag). Und sollten Sie gerne mit dem Rad unterwegs sein, ohne dabei viele Höhenmeter überwinden zu müssen: Einige der ausgeschilderten Radwege wurden auf stillgelegten Bahntrassen oder in den Flusstälern angelegt und weisen daher keine starken Steigungen auf.

Wandern in die Morgensonne

REGIONALE KÜCHE

Die Zutaten der fränkischen Küche sind oft nicht sehr zahlreich, aber regional und frisch. Zu den bekanntesten Spezialitäten zählen die Bratwürste, die mit geheimen Gewürzmischungen hergestellt werden. Die Nürnberger sind gerade mal so groß wie ein kleiner Finger, die Fränkischen, auf dem Land gemetzgert, länger und dicker. Probieren Sie aber auch die leckere Coburger und Ansbacher Bratwurst. Im Weinort Sulzfeld wird sie in Schneckenform »vom laufenden Meter« verkauft. Und »Saure Zipfel« werden nicht gebraten, sondern in einem Sud aus Essig, Frankenwein und Gewürzen gekocht. Eine der bekanntesten fränkischen Spezialitäten ist das »Schäufele«, ein knusprig braun gebratenes Schulterstück vom Schwein, serviert mit rohen Kartoffelklößen und Soße. Die Kartoffel spielt auch als Hauptgericht eine wichtige Rolle. »Bauchstechala« oder »Backers« sind solche Spezialitäten. Häufig auf Frankens Speisekarten zu finden ist

Alle fränkischen Bratwürste schmecken lecker.

In Franken gibt es viele gute Einkehrmöglichkeiten.

zudem der Karpfen. Ein Aischgründer Karpfen, gebacken oder »blau«, ist allein schon eine Reise wert. In den Monaten mit »R« – also von September bis April – wird er fangfrisch serviert. Ab Anfang Mai bis Juni ist auch der fränkische Spargel eine besondere Delikatesse. Und großer Beliebtheit erfreut sich nach wie vor die fränkische Brotzeit mit Presssack und Griebenwurst, rohem Schinken, »Zieberleskäs« und deftigem Bauernbrot.

GEOLOGIE

Der größte Teil des Untergrundes Frankens wird von Gesteinen des Süddeutschen Schichtstufenlands gebildet. An der sogenannten Fränkischen Linie, einer bedeutenden Verwerfung, wurde das Grundgebirge um teils bis zu 2000 Meter gegenüber der Süddeutschen Großscholle herausgehoben. In den westlichen zwei Dritteln Frankens dominiert die Trias mit den Sand- und Tonsteinen des Buntsandsteins, den Kalksteinen und Mergeln des Muschelkalks und den Sedimentgesteinen des Keupers. In der Rhön sind die Triasgesteine durchsetzt vom Vulkangestein des Tertiärs. Im östlichen Drittel Frankens dominiert der Jura der Fränkischen Alb mit den Kalk- und Dolomitsteinen des Weißjura. Der berühmteste Fossilien-

Die historischen Städtchen am Main haben ihren besonderen Reiz.

fund ist der erdgeschichtlich erste Vogel Archaeopteryx. Er wurde in der Fossilfundstätte Solnhofen im Solnhofener Plattenkalk gefunden.

FRANKEN IM WANDEL DER GESCHICHTE

Die Region wurde bereits im mittleren Eiszeitalter vor gut 600 000 Jahren vom Urmenschen Homo erectus besiedelt. In der Eisenzeit (ab etwa 800 v. Chr.) werden archäologisch die Stämme der Kelten greifbar. Mit der römischen Macht im ersten vorchristlichen Jahrhundert und dem gleichzeitigen Vorstoß germanischer Stämme von Norden her wurde der Niedergang der keltischen Kultur eingeleitet. Unter den Kaisern Domitian (81–96), Trajan (98–117) und Hadrian (117–138) legte man den Rätischen Limes als Grenze zu den germanischen Stämmen im Norden an. Ab der Mitte des 3. Jahrhunderts konnte sie aber nicht mehr gehalten werden, und die Alamannen besetzten die Gebiete bis zur Donau. Den fränkischen Stämmen fiel mit ihren Siegen über die Alamannen im 6. Jahrhundert die heutige Region Franken zu. Karl der Große baute im 8. Jahrhundert die Gebiete um den Main zu einer Königsprovinz aus, geistliches Zentrum wurde Würzburg. Ab Mitte des 9. Jahrhunderts entstand das Stammesherzogtum Franken, und ab dem 12. Jahrhundert war die Nürnberger Burg der Sitz der Burggrafschaft Nürnberg unter der Herrschaft der Zollern (fränkische Linie der späteren Hohenzollern). Die Stauferkönige Konrad III. und Friedrich Barbarossa machten Franken zum Mittelpunkt des Reichs. Als Markgrafen errichten sie zahlreiche Schlösser und legten barocke Planstädte an. Ihre einstigen Residenzstädte spiegeln diese Zeit und Pracht besonders gut wider. Die Bauernkriege des 16. Jahrhunderts und der Dreißigjährige Krieg im 17. Jahrhundert setzten Franken sehr zu, es wurde zu einer der ärmsten Regionen im Reich. Die durch Kleinstaaterei geprägte Struktur des Mittelalters überdauerte bis in das 18. Jahrhundert. 1803 erhielt das spätere Königreich Bayern unter Napoleon Bonaparte große Teile Frankens, was zu teils erheblichen Ressentiments gegen die neue Zugehörigkeit führte. Die Franken bewahren ihre innere Eigenständigkeit bis heute und streichen ihre Maibäume mit den Farben Weiß und Rot statt mit Weiß und Blau.

Blick von der Vogelsburg auf den Main

RHÖN – LAND DER OFFENEN FERNEN

Auszeit zum Durchatmen

In Ostheim steht die schönste Kirchenburg Deutschlands.

1

Der freie Blick über die Rhön sammelt hohe Basaltkuppen, einsame Hochflächen und geheimnisvolle Hochmoore. Tausende von Kilometern markierter Wanderwege zeichnen die Rhön als Wanderlandschaft aus. Die vier Badekurorte der Rhön gründen mit ihren gesunden Wassern ebenfalls auf den Geschenken der Natur.

Einst formten gewaltige Kräfte aus dem Erdinneren und die folgende Erosion die urwüchsige Landschaft der Rhön mit kahlen Basaltkuppen, weiten Hochflächen und Mooren. Das Biosphärenreservat Rhön präsentiert sich in seiner Herrlichkeit auf der Fahrt über die Hochrhönstraße. Doch nur wer sich für eine Wanderung Zeit nimmt, sieht die Weidenröschen, Silberdisteln und vielen Schönheiten der Natur. Auch der Fiberklee, das Wollgras, die Rentierflechte und der winzige Sonnentau in den Mooren können nur von den Bohlenwegen aus erfasst werden.

BAD KISSINGEN

Das bayerische Staatsbad Bad Kissingen im Tal der Fränkischen Saale gehört zum UNESCO-Weltkulturerbe. Nicht nur ist der Kurgarten aus dem Jahr 1738 der älteste in Europa, Bad Kissingen besitzt auch das größte Ensemble historischer Kurbauten Europas. Die Liste weltbekannter Gäste ist lang. Wer vom Stellplatz oder vom Knaus-Campingpark aus die Sehenswürdigkeiten auf einer Strecke von zwei Kilometern erwandern will, kommt entlang der Fränkischen Saale und durch den Luitpoldpark zum prachtvollen Luitpoldbad von 1871, in dessen Nordflügel das Luitpold-Casino der Staatlichen Spielbank ist. Auf der Ostseite der Fränkischen Saale, die wir auf dem Arkadensteg erreichen, steht die lange Brunnen- und Wandelhalle im klassizierenden Jugendstil. Durch den Kurgarten nach Norden gelangt man zum Arkadenbau im Stil der florentinischen Frührenaissance aus dem Jahr 1838. An bestimmten Tagen finden Führungen durch die historischen Gebäude und Kuranlagen statt.
Nach Überquerung der Ludwigstraße stehen wir im Rosengarten mit dem Springbrunnen. Und nach weiteren zwei Kilometern Richtung Norden entlang der Fränkischen Saale erreicht man die Einrichtungen der historischen Solegewinnung und das Gradierwerk. Es dient heute nur noch der Soleinhalation. Die Solehebepumpe und die Untere Saline sind Bauten

1

aus dem 19. Jahrhundert. Etwas außerhalb befindet sich das **Museum Obere Saline**. Es unterteilt sich in die Themen Weltpolitik, Salzgewinnung und Spielzeugwelt.

Alle angeführten Sehenswürdigkeiten sind auch mit dem Stadtbus oder der Gecko-Bahn zu erreichen. Ein romantisches Erlebnis ist es, mit dem Schiffchen »Dampferle« auf der Fränkischen Saale vom Rosengarten zur Saline hinauszufahren. Wer Bad Kissingen von oben sehen will, steigt zur **Burgruine Botenlauben** hinauf. Die Entstehung der Burg wird um 1180 vermutet, ihre Glanzzeit erlebte sie 1220, als Minnesänger Otto von Botenlauben sich hier niederließ. Mit Bad Königshofen, Bad Brückenau und Bad Neustadt hat die Rhön weitere Kur- und Wellness-Alternativen anzubieten.

Tipp

Ein Ausflug nach Münnerstadt führt in eine Fachwerkstadt mit 1250-jähriger Geschichte. Zugleich ist die Stadt in historischen Mauern und Toren umgeben von purer Natur. Zu entdecken gibt es in der mittelalterlichen Altstadt allerlei, und in der Stadtpfarrkirche wartet der Riemenschneider-Altar auf kunstbegeisterte Besucher. www.muennerstadt.de

Der Kurgarten in Bad Kissingen wurde im Jahr 1738 angelegt.

◀ Im Freilandmuseum Fladungen ▶ Fahrt mit dem Rhön-Zügle

FLADUNGEN

Die Stadt Fladungen ist die nördlichste Stadt Bayerns und liegt im Biosphärenreservat Rhön. In dem kleinen Städtchen stehen mit Blumen geschmückte malerische Fachwerkhäuser in den Gassen und das trutzige Zehntschloss mit dem **Rhönmuseum**. Es beherbergt bedeutende Sammlungen Rhöner Volkskunst. Eine gut erhaltene Stadtmauer mit fünf Türmen umfasst Fladungen. Die größte Bekanntheit hat das Städtchen aber durch das **Freilandmuseum** mit Tieren, alten Höfen, Bauerngärten und alten Handwerksstuben aus der Region. Vor dem Museum befindet sich der Bahnhof mit jeder Menge historischer Waggons und Lokomotiven. Ein schönes Erlebnis ist eine Fahrt mit der historischen **Dampfeisenbahn** »Rhön-Zügle« durch das Tal der Streu. Die sogenannten »Donnerbüchsen« verkehren zwischen den Bahnhöfen Mellrichstadt und Fladungen.

DORFRUNDEN Eine Wanderung um Fladungen, durch den Stadtkern und bis zum Freilichtmuseum erschließt Besuchern nicht nur die Sehenswürdigkeiten der Stadt. Beim Bummel durch die Bauerngärten bis zum Wirtshaus des Freilichtmuseums taucht man auch in die Vergangenheit ein. Auf der Wanderung durch ausgedehnte Streuobstwiesen öffnen sich immer wieder wunderschöne Blicke auf Fladungen und die Sankt Gangolfsk Kapelle. www.dorfrunde.de/dorfrunden/liste/fladungen

Mystische Stimmung im Schwarzen Moor

Im Gebiet Fladungens liegt auf den Höhen der Rhön an der Hochrhönstraße das Schwarze Moor mit einem 2,5 Kilometer langen Moorlehrpfad mit Aussichtsturm. Fieberklee, Wollgras und das violette Sumpfblutauge säumen die Bohlenwege, und vielleicht ist aus der Ferne das Kullern des seltenen Birkhuhns zu hören. Das Schwarze Moor zählt zu den bedeutendsten Hochmooren Europas. Eine Wanderung von Fladungen zum Schwarzen Moor hinauf ist einfach sechs Kilometer lang. Die Informationsstelle am Moor bietet Info-Broschüren und einen Imbiss.

DIE KIRCHENBURG IN OSTHEIM

Der Parkplatz an der Nordheimer Straße in Ostheim ist auch Stellplatz für Wohnmobile. Die Kirchenburg aus dem 16. Jahrhundert ist ein Baudenkmal von nationaler Bedeutung, denn sie ist Deutschlands größte und eine der schönsten Kirchenburgen überhaupt, geschützt mit einer doppelten Ringmauer mit fünf Türmen und sechs Bastionen. Die Gaden (Speicherhäuser) an der Innenseite der Mauer sind noch heute begehbar. Im Zentrum der Burg befindet sich die im Renaissancestil erbaute Kirche Sankt Michael aus dem Jahr 1620. Ein Museum und die Touristinformation sind auch in der Kirchenburg; dort werden jeden Mittwoch um 11 Uhr Führungen angeboten. Im Oktober findet in Ostheim der Rhöner Wurstmarkt statt, auf dem die kulinarischen Produkte aus der Region präsentiert werden.

ZUM BASALTSEE Die zwölf Kilometer lange Wanderung von Oberelsbach zum Basaltsee führt durch Buchenwälder sowie über Basaltblockhalden und baumfreie Matten der Hochrhön. Der Basaltsee ist ein künstlicher, idyllisch gelegener See, der durch den Abbau von Basalt entstanden ist, und das Zentrum des Naturdenkmals Steinernes Haus. Das Biosphärenzentrum Haus der Langen Rhön in Oberelsbach informiert über das UNESCO-Biosphärenreservat. www.oberelsbach-rhoen.de/steinernes-haus.html

Tipp

Auf einem Altstadtrundgang durch Bischofsheim kann man romantische und verträumte Ecken finden. Die historische Stadtmauer und die Fachwerkhäuser spiegeln das historische Flair. Sympathische Gaststätten, Cafés und viele kleine Geschäfte runden einen Besuch ab. Wer möchte, kann von Bischofsheim aus noch eine zwölf Kilometer lange Rundwanderung über die Burgruine Osterburg zum Kloster Kreuzberg machen.

KLOSTER KREUZBERG

Der Kreuzberg weist eine jahrhundertealte Tradition als Wallfahrtsort auf. Auch er wird als »Heiliger Berg der Franken« bezeichnet. Das Franziskanerkloster Kreuzberg entstand im 17. Jahrhundert. Dort zeigt die Ausstellung im Bruder Franz Haus die Verbindungen zu Franz von Assisi. Nach vorheriger Anmeldung sind voraussichtlich ab April 2023 auch Führungen durch das Kloster möglich. Seit 1731 besitzt das Kloster zudem eine eigene Brauerei. Daher ist der Kreuzberg heute nicht zuletzt das Ziel von Wallfahrern, die vor allem das Bier in der Klosterschänke im Sinn haben. Doch auch die herrliche Aussicht zieht Wanderer und Besucher an.

AUF EINEN BLICK

Info

STADT/REGION: Die Rhön in Unterfranken
BESTE REISEZEIT: April bis Oktober
OPTIMALE REISEDAUER: 2–3 Tage
TOURISTINFO: Arkadenbau, Am Kurgarten, 97688 Bad Kissingen, Tel. 0971/804 84 44, www.badkissingen.de

SEHENSWÜRDIGKEITEN

MUSEUM OBERE SALINE: www.badkissingen.de
RUINE BOTENLAUBEN: www.badkissingen.de
RHÖNMUSEUM: www.rhoenmuseum.de
FREILANDMUSEUM FLADUNGEN: www.freilandmuseum-fladungen.de
SCHWARZES MOOR: www.biosphaerenreservat-rhoen.de
KIRCHENBURG OSTHEIM: www.lebendige-kirchenburg.de
BIOSPHÄRENZENTRUM HAUS DER LANGEN RHÖN: www.biosphaerenreservat-rhoen.de
KLOSTER KREUZBERG: www.kloster-kreuzberg.de

STELLPLATZ THERME BAD KISSINGEN

ADRESSE: Heiligenfelder Allee 16, 97688 Bad Kissingen, Tel. 0971/121 80 00, marketing@kisssalis.de, www.kisssalis.de
ANFAHRT: Auf der A7 Ausfahrt 96 Bad Kissingen und auf der St2291 nach Bad Kissingen.
GPS: 50°11'19.8"N, 10°03'41.3"E
Der ganzjährig nutzbare Stellplatz befindet sich auf dem Parkplatz der Therme. Stromanschlüsse und Ver- und Entsorgungseinrichtung sind vorhanden. Bis zur Stadtmitte sind es zwei Kilometer. Supermarkt und Geschäfte sind neben dem Stellplatz vorhanden, und viele Wege laden zu Spaziergängen oder Wanderungen ein.
Nur einen Kilometer von der Therme entfernt kann außerdem der Knaus Campingpark (www.knauscamp.de) angefahren werden.

CAMPINGPLATZ UND STELLPLATZ FLADUNGEN

ADRESSE: Flurstraße 16, 97650 Fladungen, Tel. 09778/91 91 11, info@fladungen-rhoen.de, www.fladungen-rhoen.de

Zwischen Altstadt und Sportplatz liegt der Campingplatz Fladungen.

ANFAHRT: Auf der A71 Ausfahrt 24 Mellrichstadt und auf der B285 nach Fladungen.

GPS: 50°31'12.7"N, 10°08'21.0"E

Der ganzjährig nutzbare Campingplatz auf Rasen hat einen schönen Baumbestand. Stromanschlüsse, Ver- und Entsorgungseinrichtung sowie Sanitärgebäude sind vorhanden. Neben dem Platz befinden sich ein beheiztes Freibad, dafür stehen Stellplätze zur Verfügung. Die Ortsmitte ist nur 500 Meter entfernt, das Freilandmuseum und ein Supermarkt einen Kilometer. Und wer zum interessanten Schwarzen Moor mit Naturlehrpfad wandern möchte, hat sechs Kilometer vor sich.

STELLPLATZ KREUZBERG/RHÖN

ADRESSE: Kreuzberg 10, 97653 Bischofsheim/Rhön, Tel. 09772/12 45, gasthof-roth@t-online.de, www.berggasthof-roth.de

ANFAHRT: Auf der A7 Ausfahrt 95 Bad Brückenau und auf der B286 und St2289 auf den Kreuzberg.

GPS: 50°22'57.0"N, 09°58'42.4"E

Der ganzjährig nutzbare Stellplatz auf Kies und Wiese liegt an der Kreuzbergstraße mit Bushaltestelle gegenüber einem Berggasthof. Stromanschlüsse, Ver- und Entsorgungseinrichtung und Dusche sind vorhanden. Zum Kloster Kreuzberg läuft man 1,5 Kilometer, zur Burgruine Osterberg drei. Skilifte sind vom Platz aus erreichbar.

WESTLICHES SPESSART-MAINLAND

Eine Landschaft wie im Märchen

Schloss Johannisburg ist ein bedeutender Renaissancebau.

2

Burgen, Schlösser, Weinberge und schließlich die lebenswerte Residenzstadt, das »bayerische Nizza« Aschaffenburg, formieren das westliche Spessart-Mainland zu einer märchenhaften Landschaft. In den Wäldern des Naturparks Spessart steht das viel besuchte Wasserschloss Mespelbrunn als Symbol der Spessartromantik.

Wegen des milden Klimas wählten bereits die Kelten das Gebiet am Main zu ihrem Wohnort. Unter den Römern wurde der Fluss zur Grenze des Römischen Reiches, und die Region prosperierte zu ihrer Blüte. Aufgrund des sanften Klimas erhob König Ludwig I. Aschaffenburg zu seiner Sommerresidenz und nannte die Stadt schwärmerisch sein »bayerisches Nizza«.

LEBENDIGE KULTURSTADT ASCHAFFENBURG

Die Stadt Aschaffenburg war ursprünglich eine Niederlassung der Alemannen, die im 5. Jahrhundert an den Main kamen. Anstelle der Stiftskirche Sankt Peter und Alexander stand mindestens seit 869 eine Kapelle, denn schon 957 wurde das Kollegiatstift Sankt Peter und Alexander gegründet. Stets war Aschaffenburg ein bedeutender Verwaltungssitz der Erzbischöfe und Kurfürsten. Der kunstsinnige König Ludwig I. baute die Stadt im 19. Jahrhundert generös aus und machte sie zu Bayerns Schatztruhe am Main.

Heute ist das liebenswerte Aschaffenburg eine lebendige Kulturstadt. Die größte Sehenswürdigkeit ist **Schloss Johannisburg**. Das das Stadtbild dominierende Schloss gründet auf einer Burg aus dem 10. Jahrhundert. Im 17. Jahrhundert entstand das Schloss in seiner heutigen gewaltigen Dimension. Es gehört zu den bedeutendsten Schlossbauten der deutschen Renaissance. Ende des 18. Jahrhunderts wurde das Innere klassizistisch umgestaltet. Zu besichtigen sind eine **Gemäldegalerie** mit Werken von Lucas Cranach, die **Schlosskapelle mit Renaissancealtar**, die Korkmodellsammlung antiker Bauten, die mit klassizistischem Mobiliar ausgestatteten Wohnräume der Fürstbischöfe und das **Schlossmuseum**.

500 Meter nordwestlich des Schlosses steht prägend über dem Main das berühmte **Pompejanum**. Damit sind wir bei einem der bekanntesten Bauten, die König Ludwig I. hinterließ. Das Museum im Stil einer pompejianischen Stadtvilla mit der kleinen Gartenpartie bildet eine mediterrane Ideallandschaft. Angeregt durch die Ausgrabungen in Pompeji, ließ der König 1848

2

durch den Architekten Friedrich von Gärtner das Pompejanum errichten. Er hielt sich dort gerne auf. Noch vor diesem Gebäude befindet sich im Schlossgarten der klassizistische **Frühstückstempel** mit bezauberndem Blick auf den Main. Hier finden wir Pflanzen der Mittelmeerflora wie Feigen, Agaven und Mandelbäume. Pinien wurden jedoch durch Schwarzkiefern und Zypressen durch Pyramidenpappeln ersetzt. Der Weinberg unterhalb vervollkommnet die südliche Szene.
250 Meter nach dem Pompejanum ist unterhalb der **Saint-Germain-Terrassen** ein Weinberg, auf dem der exklusive »Pompejaner« angebaut wird. Die **Mainpromenade** und die Innenstadt mit romantischen Parkanlagen, Geschäften und Kneipen lässt sich gut zu Fuß erkunden. Oberhalb der Willigisbrücke befinden sich in der Kleinen Metzgergasse in einem 500 Jahre alten Haus die **historische Kneipe Maulaff** (www.maulaff.de). Der Maulaff ist eine hölzerne Figur eines Spessart-Bauern in der Tracht des ausgehenden 18. Jahrhunderts mit weit geöffnetem Mund. Ursprünglich diente er als Zielfigur eines Wurfspiels im Park Schönbusch zur Belustigung. Heute steht er als »Ascheberger« Besonderheit im Aschaffenburger Museum.

◀ 1848 ließ Ludwig I. das Pompejanum errichten. ▶ An der Kneipe Maulaff

Die romantische Parkanlage Schöntal lockt mit vielfältiger Natur.

SCHLAPPESEPPEL In der Schlossgasse liegt die berühmte Brauereigaststätte Schlappeseppel. Der Legende nach legte ein schwedischer Soldat mit dem Spitznamen »lahmer Seppel« den Grundstein für diese 400 Jahre alte Brauerei. Schlossgasse 28, 63739 Aschaffenburg, Tel. 06021/255 32, www.schlappeseppel-ab.de

Am Stiftsplatz samt Stiftsbrunnen steht die **Stiftsbasilika Sankt Peter und Alexander** deren Ursprung in das 10. Jahrhundert zurückgeht. Matthias Grünewalds berühmte »Beweinung Christi« ist dort zu sehen. Auch das **Geburtshaus des Expressionisten Ernst Ludwig Kirchner** am Bahnhof wird gerne besucht. Beachtenswert ist zudem der östlich der Altstadt gelegene **Park Schöntal** mit der Kirchenruine am Weiher. Wer hier umherschweift, entdeckt wunderschöne Magnolien- und Rhododendronhaine und eine Orangerie mit zwei Restaurants. Der pittoreske **Herstallturm**, einst Teil der Stadtbefestigung, begrenzt die Parkanlage nach Westen.

Tipp

In Haibach östlich von Aschaffenburg befindet sich die Ketzelburg. Der Haibacher Kulturweg »Ritter, Fürst und Wellekipper« erschließt die hochmittelalterliche Anlage und eine 450 Jahre alte Brunnenstube, von der Wasser bis in das Aschaffenburger Schloss geleitet wurde. Am Weg liegt auch der Haibacher Wildpark. www.haibach.de

◀ Vor dem RömerMuseum steht eine Mithras-Säule. ▶ Das Rathaus in Obernburg

ZUR ALTENBURG Zwischen Aschaffenburg und Obernburg beginnt im spätmittelalterlichen Sulzbach eine zwölf Kilometer lange Wanderung zum keltischen Ringwall der Altenburg über dem Sodental. Grabungen brachten Steinklingen sowie Scherben aus der Michelsberger Kultur (4000 v. Chr.) zutage. Der Ausbau des großen Ringwalls wird in die Hallstattzeit datiert (800–400 v. Chr.). Ein rekonstruiertes Keltenhaus und die Pfostenschlitzmauer geben Einblicke in frühere Zeiten.

OBERNBURG

Aufgrund der ausgeprägten antiken Funde wird Obernburg als »Pompeji am Main« bezeichnet. Um das Jahr 110 n. Chr. errichteten die Römer das Kastell Obernburg zur Grenzsicherung des Limes, der in diesem Bereich vom Main gebildet wurde und heute als nasser Limes bezeichnet wird. Im Grundriss der Altstadt zeichnen sich noch heute die Lagerstraßen des Kastells ab. Die Römer zogen um das Jahr 275 n. Chr. ab, und germanische Stämme namen deren Platz ein. In den Sehenswürdigkeiten der Stadt spiegelt sich die Geschichte.

Von der mittelalterlichen Befestigung sind **sieben Tore und Türme** erhalten, die auf einem Rundweg besichtigt werden können. Das schmucke **Rathaus** mit dem Treppengiebel im Zentrum der Stadt stammt aus dem 19. Jahrhundert. Die **Kapelle Sankt Anna** in der Kapellengasse wurde im 13. Jahrhundert auf einem Mithrasheiligtum des 2. Jahrhunderts errichtet.

2

Westlich der Altstadt bietet der Mittlere Höhenweg eine gute Aussicht über Obernburg und das Maintal. Nahe dem RömerMuseum gilt der Rosengarten als blühende Sehenswürdigkeit. Mit den Düften und Farben ist er ein Ort mit besonderer Atmosphäre.

Tipp

Im RömerMuseum Obernburg sind Grabungsfunde und Schätze aus der Römerzeit von 107 bis 260 n. Chr. ausgestellt. Weihesteine der Benefiziarier, die im Römischen Reich polizeiähnliche Aufgaben ausübten, vermitteln einen authentischen Eindruck über das Leben im Kastell. Untere Wallstraße 29a, 63785 Obernburg, www.obernburg.de

DER OBERNBURGER STERN Sechs Tagestouren in alle Himmelsrichtungen für Radfahrer bilden den sogenannten »Obernburger Stern«. Es sind außergewöhnliche Routen zwischen Römerkultur und E-Bike-Zeitalter durch das schöne Maintal mit seinen Weinbergen und Burgen bis hin zum Odenwald. Eine anspruchsvollere Tour mit deutlichen Höhenunterschieden führt beispielsweise in den Spessart zum Schloss Mespelbrunn. www.obernburger-stern.de

Obernburgs Rosengarten ist im Sommer eine blühende Oase.

2

RENAISSANCESCHLOSS IM SPESSART

Das Bild, das wohl jeder mit der Spessartromantik verbindet, ist **Schloss Mespelbrunn**. Weithin bekannt wurde das Renaissanceschloss im Jahr 1958 durch die Filmkomödie »Das Wirtshaus im Spessart« nach der Novelle von Wilhelm Hauff aus dem Jahr 1826. Die Geschichte des Baus beginnt jedoch bereits Anfang des 15. Jahrhunderts. Erzbischof Johann von Mainz schenkte dem kurfürstlichen Forstmeister und Ritter Hamann Echter den »Platz zum Espelborn« für seine treu geleisteten Dienste. Allerdings war der Spessart zu damaliger Zeit ein schier undurchdringlicher Wald, in dem Räubergesindel sein Unwesen trieb. Der Sohn des Ritters baute deshalb 1427 aus dem einfachen Haus an dem Weiher ein befestigtes Wasserschloss. Spätere Generationen verwandelten die Wasserburg in ein verträumtes Renaissanceschloss. Versteckt im Wald, blieb das private Schloss trotz aller Kriege in seiner ursprünglichen Form erhalten und erfreut heute zwischen März und November bis zu hunderttausend Besucher.

Die Besonderheit der **Marien-Wallfahrtskirche Hessenthal** in Mespelbrunn-Hessenthal darf nicht vergessen werden. Die Kirche ist die Grablege der Familie Echter von Mespelbrunn und birgt mit der »Beweinung Christi« ein Frühwerk Tilman Riemenschneiders aus dem Jahr 1485.

◀ Tilman Riemenschneiders »Beweinung Christi« ▶ Das Wasserschloss Rothenbuch

Im idyllischen Hafenlohrtal herrscht Ruhe.

ROTHENBUCH

Rothenbuch liegt im Herzen des Spessarts und des Mainvierecks. Wer ein abgeschiedenes Spessartdorf sucht, ist hier genau richtig. Im Jahr 1485 wurde der Ort zum Sitz des mainzischen Forstmeisters, sodass er seine Aufgaben inmitten des Waldes erfüllen konnte. Im Zuge dessen wurde das **Wasserschloss** an der Quelle der Hafenlohr 1567 als Zentralort des Innerspessarts ausgebaut. Die Glashütten und das Holz boten finanzielles Einkommen, wobei das Holz auf der Hafenlohr zum Main getriftet wurde. Die natürliche Schönheit des inneren Spessarts und im Besonderen des naturbelassenen idyllischen **Hafenlohrtals** ist geblieben, wenn auch die Straßen für Wohnmobile zu eng sind. Der Schuster Johann Hasenstab erbaute in Rothenbuch um 1780 ein typisches Spessartbauernhaus, das sich heute als **Bauernhausmuseum** präsentiert. Es zeigt sehr eindrucksvoll die armseligen Verhältnisse der damaligen Lebensmöglichkeiten.

AUF EINEN BLICK

Info

STADT/REGION: Aschaffenburg, westlicher Spessart
BESTE REISEZEIT: April bis Oktober
OPTIMALE REISEDAUER: 2–3 Tage
TOURISTINFO: Schloßplatz 2, 63739 Aschaffenburg, Tel. 06021/39 58 00, info@tourist-aschaffenburg.de, www.tourist-aschaffenburg.de

SEHENSWÜRDIGKEITEN

SCHLOSS JOHANNISBURG, SCHLOSSMUSEUM, POMPEJANUM: www.schloesser.bayern.de, www.tourist-aschaffenburg.de
SANKT PETER UND ALEXANDER: www.stiftsbasilika.de
GEBURTSHAUS ERNST LUDWIG KIRCHNER: www.kirchnerhaus.com
RINGWALL ALTENBURG: www.sulzbach-main.de
RÖMERMUSEUM OBERNBURG: www.obernburg.de
SCHLOSS MESPELBRUNN: Schlossverwaltung, 63875 Mespelbrunn, Tel. 06092/269, www.schloss-mespelbrunn.de
BAUERNHAUSMUSEUM ROTHENBUCH: www.rothenbuch.de
NATURIDYLLE HAFENLOHRTAL: www.ag-hafenlohrtal.de

STELLPLATZ ASCHAFFENBURG

ADRESSE: Am Main, Willigisbrücke, 63739 Aschaffenburg, Tel. 06021/391 421, kundenservice@stwab.de, www.aschaffenburg.de

◀ Der Stellplatz Rothenbuch ▶ Direkt am Main: der Stellplatz Aschaffenburg

Blick vom Bootshafen zum Schloss Johannisburg

ANFAHRT: Auf der A3 Ausfahrt 58 Aschaffenburg und auf der B469 und B26 nach Aschaffenburg.

GPS: 49°58'14.7"N, 9°08'19.0"E

Der ganzjährig nutzbare Platz liegt westlich des Mains direkt am Fluss gegenüber der Altstadt. Zur Ausstattung gehören Stromanschlüsse und eine Wasserstelle. Die Ver- und Entsorgungsstation ist 500 Meter entfernt an der Realschule, Darmstädter Straße 14. 250 Meter vom Platz ist eine Bushaltestelle. In die Altstadt sind es 800 Meter, zum Schloss Johannisburg ein Kilometer, zum Pompejanum 1,7 Kilometer.

STELLPLATZ ROTHENBUCH

ADRESSE: Heigenbrücker Weg, 63860 Rothenbuch,
Tel. 06094/940 16, poststelle@rothenbuch.de, www.rothenbuch.de

ANFAHRT: Auf der A3 Ausfahrt 63 Weibersbrunn und in Richtung Heigenbrücken nach Rothenbuch

GPS: 49°58'30.3"N, 9°23'41.4"E

Der ganzjährig geöffnete Platz liegt am Ortsrand und ist mit Stromanschlüssen sowie Ver- und Entsorgungseinrichtung ausgestattet. Das Ortzentrum ist einen Kilometer entfernt, Schloss Mespelbrunn 20, Aschaffenburg 28 Kilometer und Lohr 17 Kilometer. Eine Fahrradtour durch das Hafenlohrtal bis Rothenfels am Main ist einfach 24 Kilometer lang.

GENUSSREGION CHURFRANKEN

Entspannung zwischen Spessart und Odenwald

Vom Aussichtsturm auf dem Schlossberg blickt man auf den Main.

3

Traditionelle Weinbaudörfer, historische Fachwerkstädtchen und romantische Wanderpfade wie der Fränkische Rotweinwanderweg sind die Stärken Churfrankens. Im reizvollen Maintal werden rote Weine höchster Güte erzeugt. Der Ausschank in Häckerwirtschaften hat seit dem 16. Jahrhundert Tradition.

Churfranken ist keine Region, die sich rein geschichtlich belegen lässt. Im Jahr 2007 gründeten 25 Gemeinden der nordfränkischen Weinbaugegend in einem Verein die touristische Marke Churfranken. Sie definieren die Region mit dem Gebiet entlang des Mains zwischen Spessart und Odenwald. Der Wortteil »Chur« in Churfranken nimmt Bezug auf die lange Zugehörigkeit der Region zum Kurfürstentum Mainz. Churfranken hat eine eigene Weinidentität. Auf den tief zerklüfteten Buntsandsteinböden wachsen beste Spätburgunder. Meist kleinere Weingüter bieten zeitlich begrenzt in Häckerwirtschaften ihre Weine an (www.haecke-in-franken.de). Für aktive Urlauber von Bedeutung ist der wunderbare Fränkische Rotweinwanderweg, der sich über 79 Kilometer erstreckt (www.churfranken.de).

KLINGENBERG

Die **Clingenburg** über dem Main wurde im 12. Jahrhundert erbaut. Ihre Mauern reichen bis in die Stadt hinunter, die sich in ihrem Schutz entwickelt hatte. Unter der späteren Herrschaft der Mainzer Erzbischöfe baute sich der Amtmann das **Stadtschloss** im Stil der Renaissance, und die Klingenburg verfiel. Der Aufstieg lohnt, denn von dort haben die Besucher einen einmaligen Blick über das Maintal und die Dächer der mittelalterlichen Altstadt. Nicht weit von der Clingenburg entfernt befindet sich auf dem Schlossberg mit dem **Aussichtsturm** eine der schönsten Sehenswürdigkeiten Klingenbergs. Das nebenstehende Wanderheim ist eine willkommene Einkehr.

In der Altstadt stehen viele Fachwerkhäuser aus dem 16. und 17. Jahrhundert. Der hübsche **Rosengarten** gehörte einst zum Stadtschloss. Das **Alte Rathaus** mit den großen Arkaden und das spätgotische **Gasthaus Goldenes Schwert** zählen zu den schönsten Gebäuden. Der **Brunntorturm** aus dem 13. Jahrhundert mit dem Zwiebelturm aus dem 18. Jahrhundert ist ein Tor der Stadtbefestigung.

3

Tipp

Das Klingenberger Weinbau- und Heimatmuseum befasst sich mit der langen Tradition des Weinbaus, aber auch mit der Tongrube, die der Stadt großen Reichtum bescherte und den Bewohnern ein steuerfreies Leben ermöglichte. In zwei Schaustollen sind die Abbaumethoden dokumentiert. Wilhelmstraße 13a, Tel. 09372/133 51, www.stadt-klingenberg.de

DURCH DIE SELTENBACHSCHLUCHT Eine Wanderung durch die Seltenbachschlucht gewährt einen Einblick in 250 Millionen Jahre Erdgeschichte, denn gewaltige Wassermassen türmten vor Jahrmillionen Sand und Geröll auf, der zum Buntsandstein verfestigt wurde. Die Flüsse und Sturzbäche der Eiszeit gruben sich später tief in diese Gesteine ein und legten die Schichten des Buntsandsteins offen. Heute wird die Seltenbachschlucht zu den 100 schönsten Geotopen Bayerns gezählt. www.lfu.bayern.de/geologie

◀ Die Clingenburg aus dem 12. Jahrhundert ▶ Der Aussichtsturm lohnt den Aufstieg.

Die Seltenbachschlucht bietet ein herrliches Naturschauspiel.

GROSSHEUBACH

Auf dem Weg nach Miltenberg liegt der gemütliche Weinort Großheubach. Hier beginnt der **Eselsweg**, ein 111 Kilometer langer Wanderweg, der dem historischen Handelsweg folgt, auf dem einst von Eselskarawanen das Salz von Bad Orb durch den Spessart zum Main gebracht wurde. Oberhalb von Großheubach tangiert der 2000 Jahre alte Transportweg das **Franziskanerkloster Engelberg** mit der Wallfahrtskirche Sankt Michael. Von Großheubach aus führen die sogenannten 612 Engelsstaffeln hinauf zum Kloster mit stillem Klostergarten und mit herrlicher Aussicht über den Main hinüber zum fürstlichen Schloss in Kleinheubach. Doch auch die Klosterschänke mit dunklem Bier und einzigartigem Klosterbrot lohnt den Aufstieg. Am Kloster gibt es auch einen großen Parkplatz.

ZUM HUNNENSTEIN Auf den Engelsstaffeln steigen wir von Großheubach aufwärts. Auf dem Rotweinwanderweg geht es rechts in Richtung Maria Hilf. Später wandern wir auf der Treppe des Kreuzweges links bergauf. Vor der Kapelle bleiben wir links auf dem Kreuzweg und können in spitzem Winkel mit der Markierung 2 weiter. Dann steigen wir links auf dem Trail mit gelben Pfeilen hinauf. An einer Schutzhütte geht es mit der Markierung E rechts in Richtung Hunnenstein, der eine Wodans-Kultstätte gewesen sein soll. Der Rückweg führt über Kloster Engelberg.

◀ Das Schnatterloch in Miltenberg ▶ Nationales Kulturdenkmal: die Abtei Amorbach

MILTENBERG

Inmitten von Churfranken liegt die beliebte Fachwerkstadt Miltenberg am südlichsten Punkt des Mainvierecks. Sie gilt als eine der schönsten Fachwerkstädte Deutschlands, und ein Stadtbummel wird zu einer Reise ins Mittelalter. In den romantischen Gassen finden sich verzierte Brunnen und Treppen und reich bemalte Fassaden, geschnitzte Türstöcke und Blumen an den Fachwerkhäusern. Die berühmtesten Sehenswürdigkeiten sind das Ensemble aus Marktbrunnen und Fachwerkhäusern am **Schnatterloch** und die einstige Fürstenherberge **Gasthaus Riesen** aus dem Jahr 1158. Die Altstadt beherbergt außerdem gemütliche Cafés, Restaurants und Biergärten. Nahe der Altstadt gibt es direkt am Main große Parkplätze. Über der Stadt thront die **Burg Miltenberg** mit genialer Aussicht über die Stadt am Main. Sie beherbergt auch ein Museum. Durch die Weinberge führt der Fränkische Rotweinwanderweg hinüber ins beschauliche Bürgstadt.

AMORBACH

Zehn Kilometer südlich von Miltenberg liegt mitten in den idyllischen Hügeln des Odenwalds im gleichnamigen Ort die berühmte **Abtei Amorbach**. Die ehemalige Benediktinerabtei ist eines der ältesten Klöster im mainfränkischen Raum. Die Gründung geht vermutlich auf das Jahr 734 zurück. Das Kloster hatte größte Geltung für die kirchliche, kulturelle und wirtschaftliche Situation im Odenwald. Die barocke Klosterkirche mit ihrem strahlenden Rokokostuck Wessobrunner Meister und die Fresken des Augsburger Malers Matthäus Günther begeistern die Besucher. Die

Kunstwerke sind im Originalzustand erhalten. Hoch über dem Ort ist die **Gotthardsruine** zu sehen, zu der nur ein Wanderweg hinaufführt (Markierung N). An der Stelle der Säulen-Basilika soll hier oben im 8. Jahrhundert eine Burg gestanden haben, die wegen der dort hausenden Raubritter im 12. Jahrhundert geschleift wurde. Anschließend erbaute man ein Benediktinerinnenkloster, das 1525 im Bauernkrieg zerstört wurde. Vom Turm der Kirchenruine können Besucher bis in den Spessart schauen. Zurzeit werden an der Gotthardsruine Ausgrabungen durchgeführt. Die Ergebnisse sollen den Besuchern später vor Ort in einem Archäologiepark präsentiert werden (www.spessartprojekt.de).

BÜRGSTADT

Die sonnenverwöhnten Weinlagen über Bürgstadt geben den unglaublich vielen Winzern Arbeit und der Stadt ihren Ruhm aufgrund vielfach ausgezeichneter Weine. Ein kunsthistorisches Kleinod ist die **Martinskapelle**, erbaut um 950, mit ihrer Armenbibel aus dem 16. Jahrhundert. Die fantastische Innenbemalung erzählt in 40 Medaillons die Heilsgeschichte. Da viele Menschen zu der Zeit weder im Besitz einer Bibel waren noch Lesen konnten, lernten sie so die wichtigsten Szenen aus dem Alten und Neuen Testament kennen.

◀ Die Gotthardsruine ▶ Die Martinskapelle, ein Kleinod der Kunstgeschichte

3

Tipp

Durch die Weinberge und den Wald oberhalb von Bürgstadt führt der Weg mit der Markierung 7 zur Ruine der Centgrafenkapelle. 1630 begann der Centgraf von Bürgstadt mit dem Bau, der aber durch den Dreißigjährigen Krieg unterbrochen wurde. Noch weiter oben gelangt man zu einem Ringwall, der in der Jungsteinzeit dem Schutz der Siedler diente.

WERTHEIM

Um Wertheim kennenzulernen, überspringen wir gerne die Grenze zu Baden-Württemberg, denn die mittelalterliche Stadt zählt zu den schönsten Fachwerkstädten Deutschlands. Sie liegt am Main und an der Tauber, und über ihr breitet sich eine der größten Burgen des Landes aus. Die vom Wein geprägte Fluss- und Kulturlandschaft bereichert Urlauber und Naturliebhaber gleichermaßen.

Fast an der Mündung der Tauber in den Main prägt der Spitze Turm das Stadtbild. Der ehemalige Wachturm wurde im 13. Jahrhundert errichtet und im 15. Jahrhundert mit einem achteckigen Oberbau versehen. Genau betrachtet zeigt der 36 Meter hohe Turm einen Knick zwischen diesen beiden Bauphasen. Im Turm war einst das Gefängnis untergebracht. Der ursprüngliche Eingang befindet sich in zehn Meter Höhe und war nur über eine Leiter zu erreichen.

◀ Imposante Burg Wertheim ▶ Die Centgrafenkapelle wurde nie fertiggebaut.

Aussicht von der Burg über Wertheim und den Main

Durch die Gerbergasse gelangt man zum Neuplatz. Hier befindet sich – mit dem Spitzen Turm im Hintergrund als Kulisse – das romantische **Malerviertel**. Am Ende des Neuplatzes biegen wir links in die Neugasse und dann rechts weiter in die Maingasse, um zum langen **Marktplatz** zu gelangen. Er ist die »gute Stube« Wertheims mit wunderschön erhaltenen Fachwerkhäusern, die zum Teil aus dem 16. Jahrhundert stammen. Am Marktplatz mit der Hausnummer 6 befindet sich auf der rechten Seite eines der schmalsten Gebäude Frankens, das »Zobel'sche Haus«. Jeden Samstag findet auf dem Marktplatz der »Grüne Markt« statt.

Am Ende des Marktplatzes gelangt man zur spätgotischen **Stiftskirche**, die auf einer romanischen Gründung basiert und 1264 erstmals urkundlich erwähnt wurde. Links davon steht etwas erhöht die spätgotische **Kilianskapelle** aus dem 15. Jahrhundert. Sie gilt als eine der schönsten gotischen Doppelkapellen Deutschlands.

Zwischen ihr und der Stiftskirche beginnt auch die Treppe, die zur Burg hinaufführt. Nach 50 Höhenmetern stehen wir vor der Brücke am Eingang der **Burg Wertheim**, sicher eine der größten und schönsten Burgruinen Deutschlands. Der Bau wurde im 12. Jahrhundert mit Bergfried, Palas und einer ersten Ringmauer begonnen. Bis ins 17. Jahrhundert kamen immer mehr wehrhafte Befestigungsanlagen und große Wohnpaläste hinzu. Die Aussicht auf die Flusslandschaft von Main und Tauber, Spessart und Odenwald ist fantastisch.

AUF EINEN BLICK

Info

STADT/REGION: Klingenberg, Miltenberg, Churfranken
BESTE REISEZEIT: April bis Oktober
OPTIMALE REISEDAUER: 2–3 Tage
TOURISTINFO: Engelplatz 69, 63897 Miltenberg, Tel. 09371/40 41 19, tourismus@miltenberg.info, www.miltenberg.info

SEHENSWÜRDIGKEITEN

CLINGENBURG UND AUSSICHTSTURM: https://burglandschaft.de/burg-land-schaft/clingenburg/
STADTSCHLOSS KLINGENBERG: www.stadt-klingenberg.de
KLOSTER ENGELBERG: www.kloster-engelberg.com
BURG MILTENBERG: www.miltenberg.de
ABTEI MORBACH: www.amorbach.de
GOTTHARDSRUINE: https://burglandschaft.de/burg-land-schaft/gotthardsruine/
MARTINSKAPELLE BÜRGSTADT: www.gaeste-info-buergstadt.de
STIFTSKIRCHE UND KILIANSKAPELLE WERTHEIM: www.wertheim.de
BURG WERTHEIM: www.burgwertheim.de

CAMPING AM LEINRITT

ADRESSE: Mainstraße 16, 63920 Großheubach, Tel. 0151/64 05 68 86, mail@camping-am-leinritt.de, www.camping-am-leinritt.de
ANFAHRT: Auf der A3 Ausfahrt 58 Aschaffenburg oder Ausfahrt 66 Wertheim und entlang des Mains nach Großheubach.
GPS: 49°43'31.3"N, 09°13'11.0"E
Das Wiesengelände direkt am Main mit alten Bäumen und Büschen ist von April bis Oktober geöffnet. Sowohl Stromanschlüsse als auch Ver- und Entsorgungseinrichtung und Sanitärgebäude sind vorhanden. Geschäfte und Restaurants sind nur 600 Meter entfernt, das Kloster Engelberg 1,5 Kilometer. Die Entfernung nach Klingenberg beträgt acht Kilometer, nach Miltenberg und Bürgstadt sind es sieben Kilometer. Durch den Platz führt ein Wander- und Radwanderweg zu den Städten und Dörfern am Main.

Der Stellplatz in Bürgstadt liegt direkt an der Staatsstraße.

STELLPLATZ BÜRGSTADT

ADRESSE: Josef-Ullrich-Straße, 63927 Bürgstadt, Tel. 09371/973 80, poststelle@buergstadt.de, www.buergstadt.de

ANFAHRT: Auf der A3 Ausfahrt 58 Aschaffenburg oder Ausfahrt 66 Wertheim und entlang des Mains nach Großheubach.

GPS: 49°42'46.6"N, 09°15'50.6"E

Der ganzjährig geöffnete asphaltierte Platz liegt auf dem Winzerfestplatz unweit des Wander- und Radwanderweges am Main. Stromanschlüsse sowie Ver- und Entsorgungseinrichtung sind vorhanden. Ein WC befindet sich in 200 Meter Entfernung. Zu den Geschäften, Restaurants, Winzerstuben und Sehenswürdigkeiten im Zentrum von Bürgstadt sind es 600 Meter zu Fuß. Miltenberg ist nur zwei Kilometer entfernt, für eine Wanderung zum Kloster Engelberg sind fünf Kilometer zu laufen, nach Amorbach sind es elf Kilometer.

Außer den genannten Möglichkeiten in Großheubach und Bürgstadt gibt es in Klingenberg und Miltenberg ganzjährig geöffnete Stellplätze am Jachthafen in der Steingaesserstraße sowie an der Mainzer Straße und den von April bis September geöffneten Campingplatz Maincamping (www.miltenberg.info, www.campingplatz-miltenberg.de).

ÖSTLICHES SPESSART-MAINLAND

Entdeckungen am Main

Die Burg Rothenfels aus dem 12. Jahrhundert ist heute eine Jugendherberge.

4

Die Lebensader Main fließt am östlichen Rand des Spessarts durch ein eng gesetztes Tal mit oft bewaldeten Hängen. Hier gedeihen die mystischen Sagen von wilden Spessarträubern und schönen Prinzessinnen. Doch auch der gute Wein wächst auf steilen Lagen am Main. Und über dem Fluss thronen Burgen wie die stolze Burg Rothenfels.

SCHNEEWITTCHENSTADT LOHR

Am Parkplatz Mainkai erinnert der alte Lastkahn unter der Mainbrücke an die glanzvollen Zeiten des Schiffbaus und der Schifffahrt in Lohr. Vom Stellplatz geradeaus über die Osttangente kommen wir auf der Fischergasse in das Fischerviertel und am Fischerbrunnen vorbei. Am besteigbaren **Bayersturm**, Teil der ehemaligen Stadtbefestigung aus dem 14. Jahrhundert, geht es geradeaus auf der Grabenstraße und dann parallel dazu im Park des ehemaligen Stadtgrabens weiter. In der Meistergasse biegen wir rechts kurz auf die Hauptstraße und gleich wieder links auf die Obere Schloßgasse ab, die geradeaus zum **Schloss zu Lohr** und zum **Spessartmuseum** voller Geschichte und Geschichten aus dieser Region führt. Im Lohrer Schloss beispielsweise soll »vor langer Zeit« Schneewittchen gewohnt haben.
Zurück an der Hauptstraße, schlendern wir links zum **Renaissance-Rathaus** mit ehemaliger Markthalle. Von dort gehen wir auf der Hauptstraße an **Fachwerkhäusern** aus dem 16. Jahrhundert vorbei und laufen geradeaus über die Turmgasse in die Kirchgasse zum Kirchplatz mit der spätgotischen **Kirche Sankt Michael** und dem Kapuzinerkloster. Das ist die Keimzelle der Stadt. Hinter der Kirche steigen wir etwas links auf einer Treppe hinab und gehen dann rechts durch die Steinmühlgasse zum Fischerbrunnen zurück und hinaus zum Parkplatz am Mainkai.

ZUR WALLFAHRTSKIRCHE MARIABUCHEN Von Lohr über den Main, durch Sendelbach und den Wald führt eine in einfache Richtung vier Kilometer lange Wanderung zu einem der bekanntesten Wallfahrtsziele im Spessart, das Pilger seit über 600 Jahren in den Wald zieht. Eine erste Kapelle wurde 1434 errichtet. Die jetzige Kirche entstand 1701. Im Buchenstüble kehren Wanderer gerne ein. www.mariabuchen.de

4

Acht Kilometer südlich von Lohr ist das kleine Neustadt am Main, mit der Klostergründung im Jahr 769 die älteste Ansiedlung am Mainviereck. Die Abteikirche von Neustadt reicht zurück in das 12. Jahrhundert. Obwohl ein Brand im Jahr 1857 das Kloster und die Kirche zerstörte, sind doch eindrucksvolle Reste des karolingischen Kreuzgangs und der Kirche Sankt Peter und Paul im Charakter der karolingischen und romanischen Architektur erhalten. Die jetzige Kirche Sankt Michael und Gertrudis wurde nach dem Brand im Geist der Neoromanik erbaut.

MARKTHEIDENFELD

Reizvoll zwischen Spessart und dem Fränkischen Weinland gelegen, besitzt das Städtchen Marktheidenfeld im historischen Stadtkern Fachwerkhäuser in malerischen Gassen und eine lebendige Gastronomieszene. Am Mainkai lässt es sich mit Blick auf die alte Mainbrücke gut lustwandeln. Es ist eine der ältesten Brücken am bayerischen Main. Sie wurde von Leo von Klenze 1846 unter der Herrschaft König Ludwigs I. von Bayern erbaut. An der Sankt Laurentius-Kirche finden sich Bauteile im romanischen, gotischen, barocken und neobarocken Stil. Das berühmte barocke Frankhaus steht

Die alte Mainbrücke wurde von Leo von Klenze 1846 gebaut.

◀ Die heutige Kirche Sankt Michael und Gertrudis im Stil karolingischer Architektur.
▲ Das reich verzierte Frankhaus ▼ Reste des karolingischen Kreuzgangs

in der Untertorstraße 6, südlich des Marktplatzes. Die smalte-blaue Farbe der Fassade war im 18. Jahrhundert die teuerste überhaupt. Das reich verzierte Bürgerhaus eines Weinhändlers wurde 1745 erbaut. Der Weinkeller des Hauses wird mit dem Jahr 1620 datiert. Direkt am MainRadweg gelegen, bietet sich Marktheidenfeld als Ausgangspunkt für Wanderungen, zum Beispiel zur Kreuzbergkapelle, aber auch für Radtouren und Entdeckungsreisen an.

Tipp

Im Museum Papiermühle im nahen Homburg wird in der aus dem 17. Jahrhundert stammenden Papiermühle das einstige Leben und Arbeiten um die Herstellung von Papier gezeigt. Zu sehen sind Werkzeuge und Maschinen aus dem 19. und 20. Jahrhundert in Aktion. Besucher dürfen sich selbst einen Papierbogen schöpfen. www.papiermuehle-homburg.de

ROTHENFELS

Sechs Kilometer nördlich von Marktheidenfeld scheint in der kleinsten Stadt Bayerns, Rothenfels, die Zeit stehen geblieben zu sein. Der malerische historische Ort entstand als Fischersiedlung bereits im 14. Jahrhundert im Schutz der Burg Rothenfels aus dem 12. Jahrhundert. Fürstbischof Julius Echter von Mespelbrunn ließ an der Hauptstraße vor der Kirche

Das Hafenlohrtal eignet sich hervorragend für einen Radausflug.

im 16. Jahrhundert ein Spital errichten. Dort stehen auch prächtige Bürgerhäuser aus dem 16. und 17. Jahrhundert. Morbide Patina an einigen Stellen lässt Besucher in längst vergangenen Zeiten eintauchen. Die Burg ist nun eine Jugendherberge, aber der Innenhof kann besichtigt werden. Die Aussicht geht über den Main nach Zimmern hinüber, und auch die Staustufe Rothenfels ist zu sehen. Sechs Kilometer südlich von Marktheidenfeld gelangt man zum Naturdenkmal der wildromantischen **Klingelsbachschlucht** und dem **Triefenden Stein**. Die bemoosten Felsen sind mit Sedimenten überzogen, die das kalkhaltige Wasser gebildet hat.

NACH ROTHENBUCH In der Naturidylle des Hafenlohrtals fühlen sich Wanderer und Radfahrer in frühere Zeiten zurückversetzt. Von der Straße mal abgesehen, regiert an den Mäandern des Baches Hafenlohr noch Natur pur. Die Hafenlohr entspringt in Rothenbuch. Der Ortskern formiert sich um das Wasserschloss Rothenbuch an der Quelle der Hafenlohr. Es war einst Sitz der Mainzer Fürstbischöfe. Die Radtour ist einfach 25 Kilometer lang.

KARLSTADT

Ein Spaziergang durch Karlstadt ist wegen der historischen Gebäude und Wirtshäuser ein angenehmes Vorhaben. Die ältesten Bauteile der **Kirche Sankt Andreas** wie der Turm und das Hauptportal sind romanisch-frühgotisch aus der Zeit um 1200. Das Kircheninnere birgt eine Reihe bedeutender Kunstschätze, aus denen die Skulptur des heiligen Nikolaus von Tilman Riemenschneider aus dem Jahr 1512 hervorsticht. Das älteste Kunstwerk in der Kirche ist die romanische Totenleuchte, die einst auf dem hiesigen Friedhof stand. Im **Rathaus** aus dem 15. Jahrhundert war zugleich ein Kaufhaus mit einer dreischiffigen Markthalle integriert. Die Fassade mit ihrem Treppengiebel, doppelläufiger Freitreppe und Verkündpodest prägt den Marktplatz. Ganz oben am Glockentürmchen steht in einer Nische, das »Schwedenmännle«, klingendes Wahrzeichen der Stadt.

Die **Hohe Kemenate** an der Hauptstraße ist eines der wichtigsten Baudenkmäler. Das profane Gebäude stammt in seinem Kern aus der Gründungszeit von Karlstadt um 1200. Der Begriff »Hohe Kemenate« bedeutet »mit Kamin versehene Kammer« und war ursprünglich die Bezeichnung für beheizbare Wohngemächer im Palas einer Burg. Auf dem anderen Mainufer liegt wunderbar romantisch die Ruine der **Karlsburg**. Im Wald um den Schlossberg gibt es gute Luft für die Lungen und auf der Karlsburg hervorragende Aussicht über den Main und Karlstadt. Die Burg geht auf die Merowingerzeit (7. Jahrhundert) zurück. Heute als Ruine erhalten, entstand sie unter den Würzburger Fürstbischöfen im 11. und 12. Jahrhundert und wurde 1525 im Bauernkrieg zerstört.

◀ In der Altstadt von Karlstadt ▶ Die Karlsburg entstand ab dem 11. Jahrhundert.

AUF EINEN BLICK

Info

STADT/REGION: Marktheidenfeld, Lohr, östliches Spessart-Mainland
BESTE REISEZEIT: April bis Oktober
OPTIMALE REISEDAUER: 2–3 Tage
TOURISTINFO: Schlossplatz 5, 97816 Lohr am Main, Tel. 09352/84 84 65, tourismus@lohr.de, www.lohr.de

SEHENSWÜRDIGKEITEN

SCHLOSS ZU LOHR: www.lohr.de
SPESSARTMUSEUM: www.spessartmuseum.de
KAROLINGISCHES KLOSTER NEUSTADT: www.schlossspross.de
BURG ROTHENFELS: www.rothenfels.de
WASSERFALL TRIEFENSTEIN: www.tourismus-triefenstein.de
NATURIDYLLE HAFENLOHRTAL: www.ag-hafenlohrtal.de
RUINE KARLSBURG: www.karlstadt.de

STELLPLATZ LOHR

ADRESSE: Mainlände, Osttangente, 97816 Lohr am Main, Tel. 09352/84 84 65, tourismus@lohr.de, www.lohr.de
ANFAHRT: Auf der A3 Ausfahrt 65 Marktheidenfeld und auf der B8 und St2315 nach Lohr.
GPS: 49°59'38.1"N, 9°34'47.7"E
Der Platz liegt auf einem Parkplatz am Main und ist ganzjährig nutzbar, außer Ende Juli. Die Stromanschlüsse, Ver- und Entsorgungseinrichtungen stehen von November bis März nicht zur Verfügung. In die Altstadt sind es 500 Meter. Die Lohrer Schiffstouristik bietet Fahrten auf dem Main an (www.maintal-bummler.de). Lohr ist Ausgangspunkt für Wanderungen in den Spessart. 900 Meter vom Zentrum entfernt gibt es direkt am Fluss den Campingplatz Mainufer (www.tsv-lohr.de).

STELLPLATZ MARKTHEIDENFELD

ADRESSE: Georg-Mayr-Straße, 97828 Marktheidenfeld, Tel. 09391/500 40, info@marktheidenfeld.de, www.stadt-marktheidenfeld.de

Der Stellplatz Karlstadt befindet sich über dem Main, gegenüber der Stadt.

ANFAHRT: Auf der A3 Ausfahrt 65 Marktheidenfeld und auf der B8 nach Marktheidenfeld.

GPS: 49°50'57.7"N, 09°36'00.1"E

Der Platz neben der alten Mainbrücke ist ganzjährig nutzbar, außer bei Veranstaltungen. Am Platz befinden sich Stromanschlüsse, WC und Ver- und Entsorgungseinrichtungen, die aber von November bis März nicht zur Verfügung stehen. In die historische Altstadt sind es 700 Meter., zum Triefensteiner Wasserfall sieben Kilometer.

In Zimmern befindet sich der Campingplatz mit Blick auf die Burg Rothenfels (www.cafe-mainland.de).

STELLPLATZ KARLSTADT

ADRESSE: Karlburger Straße 16, 97753 Karlstadt, Tel. 09353/790 20, info@stadtwerke-karlstadt.de, www.karlstadt.de

ANFAHRT: Auf der A7 Ausfahrt 97 Hammelburg und auf der B287, B27 und B26 nach Karlstadt.

GPS: 49°57'39.1"N, 9°45'32.7"E

Der Platz am Main unter der Karlsburg ist ganzjährig geöffnet. Die Ausstattung umfasst Stromanschlüsse und eine Ver- und Entsorgungseinrichtung. Bei Frost steht kein Wasser zur Verfügung. In das historische Zentrum sind es über den Main 900 Meter. Eine Wanderung zur Karlsburg mit traumhafter Aussicht ist zwei Kilometer lang. Auf dem Mainradweg können Ausflüge unternommen werden. Nach Würzburg sind es 30 Kilometer.

FRÄNKISCHES WEINLAND

Am Maindreieck

Alte Mainbrücke und Festung Marienberg

5

Das UNESCO-Weltkulturerbe der Würzburger Residenz und sakrale Kunst wie die Wallfahrtskirche Maria im Weingarten mit Riemenschneiders Madonna im Rosenkranz sind nur zwei Aspekte der inspirierenden Vielfalt an Kulturgütern. Die Weine aus weltberühmten Lagen stehen für Genussmomente und Lebensfreude.

In den historischen Weinorten mit Wehrmauern, Toren und Fachwerkhäusern scheint die Zeit stehen geblieben zu sein. So langsam wie das Leben fließt der Main an den Weinbergen vorbei und trägt so manche Last. Wie ohne Bürde erscheint das entspannte Lebensgefühl an einem Aussichtsplatz über dem Fluss mit einem Glas Wein in der Hand. Selbst in großen Städten am Main verschwindet diese Gefühlslage nicht gänzlich.

RESIDENZSTADT WÜRZBURG

Der inzwischen weltberühmte **Brückenschoppen** ist nicht das Wichtigste in Würzburg, aber schön. Vom westlichen Mainufer grüßen die **Festung Marienberg** und das **Käppele** herab. Um das Jahr 1200 wurde an Stelle der heutigen Festung eine erste Burg gebaut, von der noch der Bergfried stammt. Später erfuhr die Bastion eine Verwandlung in ein Barockschloss mit **Fürstengarten**. Dort besteht die schönste Aussicht über die Stadt. In der Festung Marienberg ist das Museum Franken für Kunst- und Kulturgeschichte und das Fürstenbaumuseum.

Die Wallfahrtskirche **Käppele** wurde 1750 von Balthasar Neumann errichtet. Vom Main führt ein Stationenweg hinauf zu dem aussichtsreichen Platz. Von der Alten Mainbrücke ist es nur ein Katzensprung bis zum **Marktplatz**, auf dem von Dienstag bis Samstag ein Bauernmarkt stattfindet. Die prächtige spätgotische **Marienkapelle** wurde 1480 vollendet. Im Inneren stehen bedeutende Werke der Bildhauerkunst. Im **Falkenhaus** mit reicher Rokokofassade am Oberen Markt ist heute die Touristinformation.

Hier geht es nach Osten auch zur **Residenz Würzburg**, der meistbesuchten Touristenattraktion der Stadt. Als Hauptwerk des Barock, bis 1744 von Balthasar Neumann erbaut, ist sie UNESCO-Weltkulturerbe. Opulente Deckenfresken und das großartige **Treppenhaus** mit Deckengemälde von Tiepolo sind weltberühmt. Hinter der Residenz breitet sich der höher gelegene barocke **Hofgarten** mit Blick auf die Residenz aus. Er geht in den **Ringpark** über, der entlang der ehemaligen Stadtbefestigung das alte Würzburg halbkreisförmig umfasst. Man kann zum Beispiel im Grünen von der Residenz nach Norden an den Fuß der Weinlagen Stein flanieren und auf dem berühmten **Stein-Wein-Pfad** zur Aussicht **terroir-f Punkt** über Würzburg hinaufsteigen. Öffentliche **Kellerführungen** mit Weinverkostung veranstalten das Weingut Juliusspital (www.juliusspital-weingut.de) und der Staatliche Hofkeller (www.hofkeller.de). Zu den angenehmen Unternehmungen gehören auch verschiedene **Schifffahrten**, die ab Würzburg zum Beispiel nach Veitshöchheim mit dem schönsten Rokokogarten Europas angeboten werden (www.mainschifffahrt.de).

Tipp

Auch entlang des Mains gibt es viele historische Weindörfer, die einen Besuch wert sind, u. a. mit dem Fahrrad auf dem Mainradweg am Fluss entlang. Das historische Randersacker liegt nur sieben Kilometer südlich von Würzburg. Das kleinste, aber perfekteste Bauwerk des großen Barockbaumeisters Baltasar Neumann steht dort, denn alle Maßverhältnisse dieses Pavillons sind im Goldenen Schnitt gehalten. Acht Kilometer weiter treffen die Radler auf das entzückende Sommerhausen mit Schloss und Stadtmauern. Wie Perlen an einer Kette reihen sich sehenswerte Weinorte flussaufwärts aneinander.

◀ Der Stein-Wein-Pfad zum terroir-f Punkt ▶ Historisches Gasthaus in Randersacker

Die schöne Fachwerkzeile ist eine Berühmtheit in Ochsenfurt.

WEINORTE IN HÜLLE UND FÜLLE

Die historische Altstadt von **Ochsenfurt** wird von einer nahezu vollständigen Befestigungsanlage mit zahlreichen Stadttoren und Türmen umrahmt. Die Fachwerkhauszeile in der Hauptstraße, das Neue Rathaus aus dem 15. Jahrhundert mit der Monduhr im Lanzentürmchen und die Alte Mainbrücke, die zweitälteste Steinbrücke Deutschlands, tragen zum besonderen Charme der Stadt bei.

Von den weiteren sehenswerten Weinorten ist neben Frickenhausen und Marktbreit vor allem **Sulzfeld** hervorzuheben. Die vollständig erhaltene mittelalterliche Wehranlage um den idyllischen Ort gehört zu den besonderen denkmalgeschützten Ensembles Frankens. Schmucke Bürgerhäuser, kleine Winzerhäuser, das Renaissance-Rathaus und die engen Gassen geben dem malerischen Ort seine begeisternde Atmosphäre.

Kitzingen, **Dettelbach** und **Sommerach** sind nicht nur wegen ihrer guten Weine weltbekannt. An der Volkacher Mainschleife, einer der hübschesten Landschaften und kulturreichsten Gegenden Frankens, liegt zudem das kleine mittelalterliche Städtchen **Volkach**. Beim Brunnenschoppen vor dem wunderbaren Rathaus aus dem 16. Jahrhundert herrscht allabendlich mediterrane Stimmung. Von der Altsteinzeit bis zum 5. Jahrhundert war die **Vogelsburg** in der Nähe von Volkach eine befestigte Kleinsiedlung und später eine Burg, dann ein Kloster. Heute ist der Platz mit der tollen Aussicht ein beliebter Anlaufpunkt mit Restaurant.

In Sommerach gibt es noch viel altes Gemäuer.

Vom nahe liegenden Aussichtspunkt terroir-f schweift der Blick über die Mainschleife auf die Weinorte **Nordheim** und **Escherndorf**. Der Anziehungspunkt der **Wallfahrtskirche Maria im Weingarten** ist die geschnitzte Madonna »Maria im Rosenkranz« die Tilman Riemenschneider als eines seiner Spätwerke bis 1524 fertigte.

ALTE WEINSTADT HAMMELBURG

An der Fränkischen Saale, im Norden des Fränkischen Weinlandes, kann Hammelburg als älteste Weinstadt Frankens punkten. Nachweislich wird in der Stadt seit dem Jahr 777 Wein produziert. Das **Rote Schloss** diente im 18. Jahrhundert als Sommerresidenz des Fürstabtes. Im Keller konnten eindrucksvolle 700 000 Liter Wein gelagert werden. Vor dem neogotischen **Rathaus** steht der schöne **Marktbrunnen** aus dem Jahr 1541. Der Baldachin und die Steinvasen sind Ergänzungen aus dem Jahr 1669. Hammelburg spielt mit den **Geheimnisvollen Figuren** auf dem Hammelberg, die seit ihrem mysteriösen Erscheinen einige Rätsel aufgeben. Radwege entlang der Fränkischen Saale und ein Netz an Wanderwegen sorgen für einen abwechslungsreichen Aufenthalt.

5

ZUM SCHLOSS SAALECK Auf dem Burgenradweg oder in Wanderschuhen ist das Schloss Saaleck auf dem Kapellenkreuzweg aus dem Jahr 1733 in gut drei Kilometer Entfernung erreicht. Es steht anstelle einer Burg aus dem 12. Jahrhundert, deren Bergfried noch erhalten ist. Auf dem Schlossweinberg wurden 1298 erstmals Reben gepflanzt. Vom Turm breitet sich das sagenhafte Hammelburger Panorama über das Saaletal vor unseren Augen aus. www.hammelburg.de

Tipp

Auch im östlichen Weinland konkurrieren Weinorte wie das traumhafte Mainbernheim, Rödelsee, vor allem aber das Bilderbuch-Weinstädtchen Iphofen um die Gunst der Gäste. Mit einer 14 Kilometer langen Wanderung oder Radtour können die historischen Orte verbunden werden. Auch dieser Weg führt am Aussichtspunkt terroir-f und am Geschichtsweinberg vorbei – mit traumhaften Ausblicken, Kultur an allen Ecken und Wein in all seinen Facetten. Die berühmteste Ansicht Iphofens ist das Rödelseer Tor aus dem 15. Jahrhundert in der umgreifenden Stadtmauer. Im historischen Ortskern von Iphofen bietet jede Ecke eine fotogene Überraschung.

Vom Schloss Saaleck öffnet sich ein sagenhaftes Panorama.

5

KNAUF-MUSEUM Am Marktplatz in Iphofen zeigt das Knauf-Museum einen Überblick zur Kunst alter Kulturen aus vier Erdteilen und fünf Jahrtausenden. 250 Exponate und originalgetreue Gipsrepliken aus den Museen der Welt spannen den Bogen von Mesopotamien über Griechenland und Altamerika bis nach Indien. www.knauf-museum.de

MUSEUMSSTADT SCHWEINFURT

Als Industriestandort versank die Stadt im Zweiten Weltkrieg in Schutt und Asche. Doch Schweinfurt ist wiederauferstanden – als Industriestandort und als Kultur- und Museumslandschaft. Das herrliche **Renaissance-Rathaus**, liebevoll sanierte Gassen, die **Sankt Johannis-Kirche**, der **Schrotturm** und die historische **Stadtmauer** erinnern an frühere Zeiten. Besonders in der **Zürch**, im Altstadtgebiet südlich des Rathauses, sind historische Gebäude in engen Gassen zu sehen.

Aber Schweinfurt ist auch eine junge, moderne Stadt und besitzt Museen von Weltruf. Das Museum **Georg Schäfer** beherbergt die bedeutendste Privatsammlung deutscher Malerei des 19. Jahrhunderts, das Museum **Otto Schäfer** wertvolle Bücher sowie antikes Glas. Weitere Sammlungen spannen den Bogen zur Gegenwartsgrafik und zum Kunsthandwerk. Die **Kunsthalle Schweinfurt** wiederum zeigt zeitgenössische Kunst nach 1945.

◀ Weite Teile der Stadtmauer Schweinfurts sind noch erhalten.

▶ Das Museum Otto Schäfer ist auch architektonisch etwas Besonderes.

Das Schloss Mainberg steht hoch über dem Main.

ZUM SCHLOSS MAINBERG Ein romantischer Weg führt vom Höllental durch ehemalige Weinbergs- und Streuobstparzellen. Von dort oben besteht herrliche Aussicht auf die Schweinfurter Mainkurve und das Schloss Mainberg. Bereits 1245 stand an dessen Stelle eine Burg. Im 19. Jahrhundert wurde das Schloss im Stil der Renaissance und Gotik renoviert. Auf dem Rückweg geht es durch Wald am Jagdhaus Dianenslust und am Schluss am Gasthaus Almrösl vorbei. Der gesamte Rundweg ist acht Kilometer lang.

AUF EINEN BLICK

Info

STADT/REGION: Würzburg, Fränkisches Weinland
BESTE REISEZEIT: April bis Oktober
OPTIMALE REISEDAUER: 2–3 Tage
TOURISTINFO: Marktplatz 9, 97070 Würzburg, Tel. 0931/37 23 98, falkenhaus@wuerzburg.de, www.wuerzburg.de/tourismus

SEHENSWÜRDIGKEITEN

WÜRZBURG, RESIDENZ, FESTUNG, MUSEUM FRANKEN: www.museum-franken.de, www.residenz-wuerzburg.de
HISTORISCHE WEINORTE AM MAIN: www.fraenkisches-weinland.de
VOLKACH, KIRCHE MARIA IM WEINGARTEN: www.volkach.de
HAMMELBURG ALTSTADT, SCHLOSS SAALECK: www.hammelburg.de
IPHOFEN ALTSTADT, RÖDELSEER TOR: www.iphofen.de
SCHWEINFURT, MUSEEN: www.museumgeorgschaefer.de, www.museumottoschaefer.de, www.kunsthalle-schweinfurt.de

STELLPLATZ WÜRZBURG

ADRESSE: Dreikronenstraße 2, 97070 Würzburg, Tel. 0931/360, info@wvv.de, www.wvv.de/parken
ANFAHRT: Auf der A3 Ausfahrt 70 Heidingsfeld und auf der B19 und auf der Mergentheimer Straße zum Stellplatz.
GPS: 49°47'49.4"N, 9°55'22.7"E
Der Platz auf einem Parkplatz an der B27 ist ganzjährig nutzbar und verfügt über Strom, Ver- und Entsorgungseinrichtung. Vor dem Platz ist eine Bushaltestelle. Ins Zentrum sind es nur 1,5 Kilometer, zum Bismarckturm 2,5 Kilometer, zur Festung Marienberg 1,5 Kilometer.

STELLPLATZ HAMMELBURG

ADRESSE: Am Bleichrasen, 97762 Hammelburg, Tel. 09732/90 24 30, touristik@hammelburg.de, www.touristik.hammelburg.de
ANFAHRT: Auf der A7 Ausfahrt 97 Hammelburg und auf der B287 nach Hammelburg.
GPS: 50°06'50.7"N, 9°53'20.0"E

▲ Der Stellplatz Würzburg ist nur für kurze Aufenthalte geeignet. ◀ Der zentrale Stellplatz in Hammelburg ▶ Der Stellplatz Iphofen, direkt vor der Altstadt

Der ganzjährig nutzbare Platz liegt auf einem Parkplatz nahe der Altstadt. Es gibt Stromanschlüsse und eine Ver- und Entsorgungseinrichtung. Zum Marktplatz mit Gasthäusern und Läden sind es nur 250 Meter, zum Schloss Saaleck 1,5 Kilometer. Entlang der Fränkischen Saale gibt es einen Radweg.

Elf Kilometer westlich von Hammelburg findet man an der Fränkischen Saale einen ruhigen Campingplatz (www.freizeitzentrum-rossmuehle.de).

STELLPLATZ IPHOFEN

ADRESSE: Einersheimer Straße 3, 97346 Iphofen, Tel. 9323/87 03 06, tourist@iphofen.de, www.iphofen.de

ANFAHRT: Auf der A3 Ausfahrt 74 Kitzingen und auf der St2271 und B8 nach Iphofen.

GPS: 49°42'08.7"N, 10°15'51.7"E

Der Platz befindet sich auf einem Parkplatz und ist ganzjährig nutzbar, außer Ende September. Es gibt Stromanschlüsse und eine Ver- und Entsorgungseinrichtung. Am Platz ist eine Bushaltestelle. In die Altstadt mit Gasthäusern und Läden sind es 300 Meter, nach Mainbernheim vier Kilometer und zur Kirchenburg Mönchsondheim fünf Kilometer. Mehrere Campingplätze gibt es westlich am Main.

GOTTESGARTEN & COBURGER LAND

Inspirierendes Land Obermain-Jura

Der Staffelberg ist ein geologischer Zeugenberg.

6

Der »Gottesgarten« um das Kloster Banz, die Wallfahrtskirche Vierzehnheiligen und am mystischen Staffelberg ist ein Landstrich zum Träumen. Die Obermain Therme Bad Staffelstein bietet mit der stärksten Thermalsole einen Urlaubstag »am Meer«. Und Coburg bezaubert seine Gäste mit Kunst, Kultur und Lebenslust.

Wer von Bad Staffelstein auf den geheimnisvollen Staffelberg wandert, kommt am Denkmal für Victor von Scheffel vorbei. Dort ist die vierte Strophe des Frankenliedes, das er 1859 dichtete, angeschrieben: »Zum heiligen Veit von Staffelstein komm ich emporgestiegen, und seh' die Lande um den Main zu meinen Füßen liegen. Von Bamberg bis zum Grabfeldgau umrahmen Berg und Hügel die breite stromdurchglänzte Au. Ich wollt', mir wüchsen Flügel [...].«

BAD STAFFELSTEIN

Die Stadt am Obermain liegt mitten in der schönen Landschaft des sogenannten »Gottesgartens«. Die historische Altstadt besitzt Sehenswürdigkeiten aus ruhmreicher Vergangenheit, darunter das prächtige **Fachwerk-Rathaus** aus dem Jahr 1685 und weitere frühbarocke Fachwerkhäuser. Bekannteste Person der Staffelsteiner Geschichte ist der 1492 geborene Mathematiker Adam Riese, dessen Denkmal neben dem Rathaus steht. Der **Stadtturm** aus dem 15. Jahrhundert in der Bamberger Straße ist das einzige noch erhaltene Stadttor der Befestigung.

Die **Stadtkirche Sankt Kilian** geht in ihren ältesten Teilen bereits auf das 13. Jahrhundert zurück. Hinter dem Gotteshaus zeigt das **Stadtmuseum** sowohl archäologische Funde vom Staffelberg als auch Dokumente der Stadtentwicklung, Fossilien aus dem Fränkischen Jura und nicht zuletzt eine Abteilung über den berühmten Rechenmeister Adam Riese. Ein weiterer Teil ist dem Dichter Victor von Scheffel gewidmet.

Direkt im Stadtgebiet von Bad Staffelstein produzieren übrigens **elf Brauereien** den beliebten Gerstensaft, was selbst für fränkische Verhältnisse außergewöhnlich ist. Rund um das Getränk ist eine umfangreiche Erlebniswelt entstanden, die wohl für jeden Bierfreund das Richtige zu bieten hat. Darüber hinaus ist Bad Staffelstein für Wanderer ein guter Ausgangspunkt für Touren durch den wunderbaren »Gottesgarten«.

6

Tipp

Die Obermain Therme entstand aufgrund der 1975 und 1993 gefundenen heißen salz- und mineralhaltigen Wasser aus großer Tiefe. Sie ist Bayerns wärmstes und stärkstes Thermalsolbad und erfreut sich heute großer Beliebtheit. Durch die Anerkennung als Heilbad darf Staffelstein den Zusatz Bad im Namen führen. www.obermaintherme.de

KORBSTADT LICHTENFELS

Lichtenfels ist als deutsche Korbstadt weit über die Grenzen Frankens hinaus bekannt. Der **Lichtenfelser Korbmarkt** zieht jährlich am dritten Sonntag im September Tausende von Besuchern an. Das große barocke **Rathaus** wurde 1745 nach Plänen von Heinrich Dientzenhofer errichtet. Südöstlich des Marktplatzes mit stattlichen Bürgerhäusern steht in der Stadtknechtsgasse das **Stadtschloss** aus dem Jahr 1555 über den Dächern der Altstadt. Der **Rote Turm** neben dem Stadtschloss stammt aus dem 14. Jahrhundert. Die **Stadtkirche Mariä Himmelfahrt** überragt mit ihrem Turm samt fünf Spitzen die Dächer der Stadt. In der Nähe der Kirche steht das **Kronacher Tor**, das vom 15. Jahrhundert an Teil der Stadtbefestigung war. Im Rahmen einer Stadtführung kann er besichtigt werden. Des Weiteren ist noch das **Untere Tor** an der Bamberger Straße erhalten. Durch die Lichtenfelser Altstadt führt der beliebte MainRadweg, und der Frankenweg lenkt am Stadtrand vorbei.

◀ Das Untere Tor in Lichtenfels aus dem 15. Jh. ▶ Das Korbmuseum in Michelau

Die Basilika Vierzehnheiligen ist ein Werk Balthasar Neumanns.

DAS KORBMUSEUM In Michelau zeigt das Korbmuseum über 2000 Exponate aus aller Welt. In den »Lebenden Werkstätten« werden die alten Traditionen bewahrt und die Flechtkunst und Flechtkultur vorgeführt. Außerdem gibt es einen Laden mit Flechtwaren. Bismarckstraße 4, 96247 Michelau in Oberfranken, Tel. 09571/835 48, www.gemeinde-michelau.de

BAROCKE SAKRALBAUTEN

1446 soll ein Schäfer die Erscheinung zunächst eines, dann auch weiterer Kinder gehabt haben. Sie forderten ihn auf: »Wir sind die vierzehn Nothelfer und wollen eine Kapelle haben.« Nach einigen angeblichen Wundern wurde 1448 eine erste Kapelle errichtet. Balthasar Neumann erstellte die Pläne für die **Basilika Vierzehnheiligen**, die 1772 eingeweiht wurde.
Heute strahlt die Wallfahrtskirche in barocker Pracht vom Berg herab. Tausende von Gläubigen erbitten in der einzigartigen Basilika jedes Jahr die Fürsprache der 14 Nothelfer. Nicht ganz unwichtig sind die drei Gasthäuser an der Basilika, die danach auch den Durst der Pilger und Besucher löschen. Die Wallfahrtskirche Vierzehnheiligen ist immer ein gutes Ziel für Wanderer.

Auf dem Staffelbergplateau mit Blick zum Kloster Banz

Gegenüber der Wallfahrtskirche Vierzehnheiligen, weithin sichtbar hoch oberhalb des Maintals, liegt die ehemalige **Benediktinerabtei Banz**. Die Baumeister Leonhard und Johann Dientzenhofer zeichnen für den heute zu sehenden Bau des süddeutsch-böhmischen Barocks verantwortlich. Bei einer Führung können das Kloster, die Klosterkirche und das Museum mit Fossiliensammlung besichtigt werden. Das Kloster ist heute politische Bildungsstätte der Hanns-Seidel-Stiftung.

Tipp

Auf dem Plateau des Staffelbergs gab es bereits im 5. Jahrtausend v. Chr. erste Siedlungen. Etwa 100 v. Chr. existierte dort oben bereits ein keltisches Oppidum. Der Staffelberg ist als isolierte Scholle ein sogenannter geologischer Zeugenberg des Jura im Obermaingraben. Er gilt als einer der »heiligen Berge« der Franken und ist nicht nur wegen der tollen Aussicht auf das Umland, sondern auch wegen dem Biergarten der Staffelberg-Klause eines der angesagtesten Ziele für Wanderer. www.bad-staffelstein.de

6

RESIDENZSTADT COBURG

Ein Blick auf das Stadtbild Coburgs zeugt von großer Geschichte und Kultur. Die Anzahl der Sehenswürdigkeiten ist groß. Aus der Mitte der Stadt zieht sich vom Schlossplatz durch den Hofgarten ein Grünzug bis hinauf zur Veste Coburg. Vom Schlossplatz aus gibt es auch einen Grüngürtel entlang der ehemaligen Stadtmauer nach Süden bis zum herrlichen Rosengarten mit dem Sintflutbrunnen. Coburg spannt mit seinem Motto »Werte und Wandel« den Bogen zwischen Geschichte und Moderne.

Der wunderschöne Marktplatz stammt in seiner Struktur aus dem frühen 15. Jahrhundert und ist auch heute noch das Herz der Stadt. In der Mitte steht das Denkmal des Prinzen Albert von Sachsen-Coburg und Gotha, um das sich jeden Mittwoch und Samstag der Wochenmarkt gruppiert. An Bratwurstständen gibt es die berühmte Coburger Bratwurst, die hier mit Kiefernzapfen in der Glut aromatisiert wird. Unbedingt probieren!

An der Südseite des Marktplatzes steht das prunkvolle Coburger Rathaus aus dem 15. Jahrhundert. Im Norden begrenzt das Stadthaus im Stil der deutschen Spätrenaissance den Platz. In der vom Süden des Marktplatzes

Blick auf das Rathaus am Coburger Marktplatz

6

ausgehenden Ketschengasse 7 steht das Münzmeisterhaus aus dem Jahr 1444, eines der ältesten Fachwerkhäuser Deutschlands. Durch einen Torbogen im Haus gelangt man in die Neugasse und zu einem spätromanischen Haus mit Treppengiebel auf der linken Seite: der Steinernen Kemenate aus dem 13. Jahrhundert, dem ältesten Steinhaus Coburgs.
Wer Jugendstil liebt, spaziert nach Süden in die Alexandrinenstraße hinter dem Rosengarten. Besonders bemerkenswert ist das »Sonnenhaus« (Nummer 4). Vom Marktplatz geht es via Herrengasse zum Schlossplatz, der im 19. Jahrhundert gestaltet wurde. Im Norden beherrschen das klassizistische Landestheater Coburg und das Edinburgh Palais im Stil der Neorenaissance die Szene. An der Südseite ragt die prächtige neogotische Fassade des Schlosses Ehrenburg auf. Der Bau stammt ursprünglich aus dem Jahr 1543 und wurde zur Barockzeit großzügig erweitert. Karl Friedrich Schinkel gestaltete später das Schloss im neogotischen Stil.
Zwei Straßen weiter südlich ragt der Turm der Stadtkirche Sankt Moritz über die Dächer. Martin Luther predigte hier im Jahr 1530. Die Arkaden im Stil der italienischen Spätrenaissance auf der Ostseite des Platzes führen hinauf in den weitläufigen Hofgarten mit Pavillons und schönen Aussichten. Wer durch den Hofgarten zur Veste Coburg hinaufwandert,

Das Edinburgh Palais im Stil der Neorenaissance steht am Coburger Schlossplatz.

Seßlach besitzt eines der schönsten Stadtensembles Deutschlands.

kommt am Naturkunde-Museum mit 700 000 Sammlungsstücken aus den Bereichen Mineralien, Fossilien, Tiere und Pflanzen vorbei.

VESTE COBURG 1056 erstmals erwähnt, wurde die Veste Coburg im Laufe der Zeit zu einer der größten Burganlagen Deutschlands. Der Schmuck der Neogotik wurde erst im 19. Jahrhundert hinzugefügt. Hier werden die Kunstsammlungen der Coburger Herzöge präsentiert, darunter wertvolle Exponate altdeutscher Meister wie Cranach, Dürer, Holbein, Riemenschneider und Grünewald. www.kunstsammlungen-coburg.de

SESSLACH

Das mittelalterliche Städtchen Seßlach nennt sich »Perle im Coburger Land«. Das Stadtbild zählt zweifellos zu den schönsten in Deutschland. Eine intakte Stadtmauer und Tore umschließen die Altstadt. Gediegene Gasthäuser servieren traditionelle fränkische Küche und das Seßlacher Hausbier. Ähnlich liebenswerte historische Städte sind Königsberg und Ebern. Und alle drei bieten Stell- oder Campingplätze an!

AUF EINEN BLICK

Info

STADT/REGION: Coburg, Gottesgarten am Obermain
BESTE REISEZEIT: April bis Oktober
OPTIMALE REISEDAUER: 2–3 Tage
TOURISTINFO: Bahnhofstraße 1, 96231 Bad Staffelstein, Tel. 09573/331 20, tourismus@bad-staffelstein.de, www.bad-staffelstein.de

SEHENSWÜRDIGKEITEN

ALTSTADT BAD RODACH: www.bad-rodach.de
ALTSTADT LICHTENFELS: www.lichtenfels.de
WALLFAHRTSKIRCHE VIERZEHNHEILIGEN: Vierzehnheiligen 2, 96231 Bad Staffelstein, www.vierzehnheiligen.de
KLOSTER BANZ: 96231 Bad Staffelstein, www.hss.de/museum-kloster-banz
ALTSTADT BAD STAFFELSTEIN, STAFFELBERG: www.bad-staffelstein.de
BURG COBURG, NATURKUNDEMUSEUM: www.coburg.de, www.naturkunde-museum-coburg.de
ALTSTADT SESSLACH: www.sesslach.de

STELLPLATZ OBERMAIN THERME

ADRESSE: Am Kurpark 1, 96231 Bad Staffelstein, Tel. 09573/961 90, service@obermaintherme.de, www.obermaintherme.de
ANFAHRT: Auf der A73 Ausfahrt 14 Bad Staffelstein-Kurzentrum und auf der St2204 zur Therme.
GPS: 50°06'28.9"N, 10°59'20.8"E
Der befestigte Stellplatz liegt auf einem weitgehend schattenlosen Parkplatz nahe des Kurparks. Der Platz ist mit Stromanschlüssen und einer Ver- und Entsorgungsstation ausgestattet. Das WC im Kurpark oder in der Obermain Therme kann benutzt werden. An der Therme ist eine Bushaltestelle. Zum Eingang der Therme sind es 300 Meter und in die historische Altstadt Bad Staffelstein mit Geschäften und Gasthäusern 1,5 Kilometer. Bei Wanderungen oder Radtouren zum Kloster Banz und auf den Staffelberg sind auf einfacher Strecke jeweils

Blick auf den Campingplatz Kurcamping in Bad Staffelstein

fünf Kilometer zu bewältigen, zur Wallfahrtskirche Vierzehnheiligen – ebenfalls einfach – sechs Kilometer. Die Korbstadt Lichtenfels ist acht Kilometer entfernt.
Ebenfalls am Kurpark, aber auch direkt an der Bad Staffelsteiner Seenplatte, liegt der Campingplatz Kurcamping, der auch über Stellplätze vor dem Campingplatz verfügt (www.kur-camping.de). Zur Obermain Therme sind es 900 Meter.

STELLPLATZ VESTEBLICK COBURG

ADRESSE: Rosenauer Straße 32, 96450 Coburg, Tel. 09561/749 16 40, info@aquaria-coburg.de, www.aquaria-coburg.de
ANFAHRT: Auf der A73 Ausfahrt 7 Coburg und auf der B4 nach Coburg.
GPS: 50°16'11.0"N, 10°58'33.1"E
Der ganzjährig nutzbare befestigte, teilweise schattige Stellplatz liegt am Aquaria-Bad. Zur Ausstattung gehören Stromanschlüsse und eine Ver- und Entsorgungsstation. WC und Dusche gebührenpflichtig im Aquaria-Bad. Eine Bushaltestelle ist vorhanden. In die historische Innenstadt und zur Veste Coburg hinauf sind es jeweils zwei, zum herrlichen Rosengarten mit Sintflutbrunnen drei Kilometer. Möglichkeiten für Wanderungen und Radtouren sind vielfach gegeben. Zum hübschen Schloss Rosenau mit Park sind es einfach sechs und zur wildromantischen Saulochklamm einfach neun Kilometer.
Ein anspruchsloser Stellplatz, der für einen Tagesbesuch ausreicht, findet sich auf dem Großparkplatz Ketschenanger in der Schützenstraße 2a (www.coburgmarketing.de).

FRANKENWALD & FICHTELGEBIRGE

Geruhsame Natur in Frankens Norden

Blick über die Grenze nach Thüringen

Der Frankenwald wurde für Naturgenießer geschaffen. Auf den 32 FrankenwaldSteigla hören Wanderer die Stille und atmen die Weite. Der Frankenwaldsteig führt bis zum Bayerischen Staatsbad Bad Steben. Die wildromantischen Felsformationen des Fichtelgebirges kommen im Felsenlabyrinth Luisenburg zum Höhepunkt.

Der stille Norden Frankens liegt fernab quirliger Städte und abseits von Industrieanlagen. Nahe sind nur die Natur, der Gesang der Vögel und die überaus interessante Geologie der attraktiven Mittelgebirge Frankenwald und Fichtelgebirge. In den kleinen, beschaulichen Städtchen geht es geruhsam und gemütlich zu. Bad Steben hat allerdings seine königliche Ausstrahlung und Noblesse bewahrt.

STAATSBAD BAD STEBEN

Seit mindestens 1444 sind besondere Quellen in Steben bekannt. 1832 wurde der Stadt der Titel »Königlich Bayerisches Staatsbad« verliehen, und sie erlebte einen Aufschwung. In dieser Zeit wurde auch der einen Kilometer lange **Kurpark** mit englischem und mediterranen Charakter angelegt. In der weitläufigen Parkanlage stehen noch Pavillons aus dem 19. Jahrhundert und der **Zietsch-Brunnen**, ein frei zugängliches Brunnenhäuschen mit den Bad Stebener Heilwassern. Es gibt die radonhaltige Tempel-Quelle, die Wiesen-Quelle und die Max-Marien-Quelle, die Magnesium, Kalium und Calcium enthält. Das alte **Jugendstil-Kurhaus** aus dem Jahr 1911 beherbergt heute Veranstaltungsräume und ein Grafikmuseum, die neoklassizistische **Wandelhalle** mit den großen Arkaden-Bögen im Westpavillon die Trinkhalle und im Ostpavillon die Touristinformation. Der bedeutendste Architekt des Klassizismus Leo von Klenze, Hofbaumeister von König Ludwig I. von Bayern, erschuf diesen sogenannten **Klenzebau**, das Wahrzeichen Bad Stebens. Die moderne **Therme** setzt einen markanten Kontrast zu den älteren Bauwerken.

Zu den interessanten Bauten im Ort zählt das **Rathaus** in der Hauptstraße, das im Jahr 1793 von Alexander von Humboldt als »Königlich freie Bergschule zu Steben« errichtet wurde. Die **Wehrkirche Sankt Walburga** in der Kirchstraße wurde in ihrer heutigen Form um 1500 erbaut und ist eines der ältesten Gebäude im Frankenwald. Allerdings steht nur noch der

7

Chorraum, in dessen gotischen Gewölben Seccomalereien aus der Zeit um 1510 zu sehen sind. Die **Spielbank**, das Meisterwerk eines Star-Architekten, ist mit dem gewellten Dach am Casinoplatz etwas Besonderes.

IM NATURSCHUTZGEBIET HÖLLENTAL Die Vielfalt an Flora und Fauna und die geologischen Besonderheiten machen die Schlucht des Höllentals zu einem Anziehungspunkt für Wanderer. Die Wege überqueren auf dem Teufelssteg und Jungfernsteg die Selbitz. Aussichtspunkte wie am »Wiedeturm« und »König David« schenken herrliche Blicke über das Tal bis nach Thüringen. Das Wahrzeichen des Höllentals, ein springender Hirsch, steht auf einem Felsvorsprung. museen.de/infozentrum-blechschmidtenhammer-lichtenberg.html

WINZIGES LICHTENBERG

Klein, aber oho – so bezeichnet sich eine der kleinsten Städte Deutschlands selbst. Das wird jeder Besucher gern bestätigen, denn die **Altstadt** mit engen Gassen und historischem Marktplatz ist steingewordenes Zeugnis der Menschen, die seit dem Mittelalter hier gelebt haben. Der Ort wurde um das Jahr 1000 gegründet. Die **Burg Lichtenberg** wurde im 12. Jahrhundert erbaut, oft zerstört und war vor dem Dreißigjährigen

◀ Im Höllental sind einsame Wege zu finden. ▶ Am Rathaus in Lichtenberg

Aussicht von der Burg Lichtenberg nach Thüringen

Krieg eines der prächtigsten Renaissanceschlösser Frankens. Aus den Bastionen vor der Ruine schauen die oft hier feiernden Lichtenberger über das Höllental nach Thüringen. Noch bessere Aussicht besteht vom Turm. Das Burgturm-Zimmer kann im empfehlenswerten Restaurant Harmonie für ein exklusives Romantik-Menü für zwei Personen gebucht werden (www.harmonie-lichtenberg.de).

Tipp

Die Bergbaugeschichte im Frankenwald geht bis in das 8. Jahrhundert zurück. Das Besucherbergwerk Friedrich-Wilhelm-Stollen ist das einzige Schaubergwerk im Frankenwald. Alexander von Humboldt hatte den Stollen als Entwässerungsstollen gebaut, der die darüber liegende Friedensgrube sicherte. Tel. 09288/216, www.friedrich-wilhelm-stollen.de

IM FICHTELGEBIRGE

Die vielfältige Landschaft des Fichtelgebirges ist bevorzugtes Gebiet für Aktivurlauber im Sommer und auch im Winter. Gipfel wie der Ochsenkopf und der Schneeberg lassen sich zu Fuß erwandern, mit dem E-Bike erklimmen oder bei Schneeschuhtouren erobern. Auch Genießer sind hier nicht fehl am Platz, denn es gibt warme Thermen, Burgen und Felsenlabyrinthe. Ein Highlight für Kinder ist der Besuch bei Donald Duck im Entenhausen des Fichtelgebirges.

Am Asenturm auf dem Ochsenkopf gibt es eine Gaststätte.

Nach dem benachbarten Schneeberg ist der Ochsenkopf mit 1024 Meter Höhe der zweithöchste Berg im Fichtelgebirge. Auf dem Gipfel befinden sich der Asenturm mit traumhafter Aussicht und ein Berggasthaus. Schon Goethe war angetan von der herb-schönen Landschaft. Für bequeme Genießer fährt von Bischofsgrün eine Sesselbahn nach oben.

NATURIDYLLE FICHTELSEE Am Fuß des Ochsenkopfes dient der Fichtelsee heute als Naturfreibad dem Vergnügen. Mit Liegewiesen, Spielplatz und Rundweg ist er zum beliebten Naherholungsgebiet geworden. Im Jahr 1607 wurde erstmals ein Seeweiher genannt, der für die Eisenhammerwerke in Neubau angelegt wurde. Die heutige Größe von rund elf Hektar wurde 1986 zur Förderung des Fremdenverkehrs geschaffen.

Die Torfflächen nördlich und östlich des Fichtelsees gelten als besterhaltenes Hochmoor Oberfrankens und sind als Naturschutzgebiet ausgewiesen. Im gut erhaltenen Rest des Hochmoores sind Spirke (Moorkiefer), Moorbirke, Rosmarinheide, Krähenbeere, Rauschbeere, Armblütige Segge und Scheidiges Wollgras zu finden. Eine Wanderung vom Fichtelsee auf den Ochsenkopf und zurück ist, je nach Weg, rund zehn Kilometer lang und überwindet 300 Höhenmeter. Landschaftliche Höhepunkte sind der Große Waldstein mit Aussichtspavillon auf seinem gigantischen Felsaufbau, die Kösseine mit dem Aussichtstürmchen und der Epprechtstein mit der Burgruine. Am Fuß des Epprechtsteins und an der Kösseine wird auch heute noch der berühmte Kösseine-Granit mit einer seltenen bläulichen Farbe gebrochen. Zwölf verschiedene Musterquader verschiedener Granite sind vor dem Granitlabyrinth in Kirchenlamitz-Buchhaus aufgestellt. Der Weg zum Mittelpunkt des Labyrinths wird von 180 großen Granitquadern umrahmt. Im Zentrum steht ein Obelisk aus Granit vom Epprechtstein.

Tipp

Das Erika-Fuchs-Haus ist ein Museum für Comic und Sprachkunst. Die Kunsthistorikerin Dr. Erika Fuchs übersetzte 1951 das erste deutschsprachige Micky-Maus-Magazin und prägte damit die Sprache der Enten und Mäuse. Der Besuch bei Donald Duck ist natürlich für Kinder die größte Freude. Bahnhofstraße 12, 95126 Schwarzenbach an der Saale, www.erika-fuchs.de

Die Luisenburg bei Wunsiedel ist eine traditionsreiche Freilichtbühne. Dahinter liegt Europas größtes Felsenlabyrinth, ein gigantisches Granitsteinmeer, das man gesehen haben muss. Auf dem Parkplatz können Wohnmobile auch in der Nacht stehen (www.wunsiedel.de, www.luisenburg-aktuell.de).

◀ Granitlabyrinth am Fuß des Epprechtsteins ▶ Im Felsenlabyrinth Luisenburg

AUF EINEN BLICK

Info

STADT/REGION: Frankenwald, Fichtelgebirge
BESTE REISEZEIT: April bis Oktober
OPTIMALE REISEDAUER: 2–3 Tage
TOURISTINFO: Badstraße 31, 95138 Bad Steben, Tel. 09288/74 70, info@bad-steben.de, www.bad-steben.de

SEHENSWÜRDIGKEITEN

KURANLAGEN BAD STEBEN: www.kurpark-bad-steben.de: www.grafikmuseum-schreiner.de, www.therme-bad-steben.de
NATURSCHUTZGEBIET HÖLLENTAL: www.naturpark-frankenwald.de
ALTSTADT, BURG LICHTENBERG: www.stadt-lichtenberg.de
BERGE DES FICHTELGEBIRGES: www.naturpark-fichtelgebirge.org
GRANITLABYRINTH: www.kirchenlamitz.de
FELSENLABYRINTH LUISENBURG: Luisenburg 2, 95632 Wunsiedel, www.wunsiedel.de

STELLPLATZ BAD STEBEN

ADRESSE: Steinbacher Straße 18, 95138 Bad Steben, Tel. 09288/96 00, info@therme-bad-steben.de, www.therme-bad-steben.de
ANFAHRT: Auf der A9 Ausfahrt 32 Naila/Selbitz und auf der B173 und St2195 nach Bad Steben.
GPS: 50°21’45.2”N, 11°37’54.5”E

◀ Stellplatz an der Therme in Bad Steben ▶ Ruhe am Campingplatz Höllental

Der Campingplatz am Fichtelsee ist immer gut besucht.

Der befestigte Stellplatz liegt auf einem wenig beschatteten Parkplatz am Kurpark nahe der Therme. Der ganzjährig geöffnete Platz ist mit Stromanschlüssen und einer Ver- und Entsorgungsstation ausgestattet. In das Zentrum Bad Stebens mit Gasthäusern und Geschäften ist es einen Kilometer weit, nach Lichtenberg sind es vier und zum Infozentrum Bahnhof Blechschmidtenhammer im Naturschutzgebiet Höllental sechs Kilometer.
Zwischen Bad Steben und Lichtenberg gibt es einen Badesee, an dem der Campingplatz Höllental liegt (www.hoellental-camping.de).

CAMPINGPLATZ FICHTELSEE

ADRESSE: Fichtelseestraße 30, 95686 Fichtelberg, Tel. 09272/801, info@camping-fichtelsee.de, www.camping-fichtelsee.de
ANFAHRT: Auf der A9 Ausfahrt 37 Gefrees und auf der St2180 und B303 nach Fichtelberg.
GPS: 50°00'59.2"N, 11°51'18.0"E
Der ganzjährig geöffnete Campingplatz liegt nahe dem Fichtelsee zwischen den beiden bekanntesten Bergen des Fichtelgebirges, Ochsenkopf und Schneeberg. Der teilweise beschattete Platz ist mit Stromanschlüssen und einer Ver- und Entsorgungsstation ausgestattet. Neubau mit seinen Gasthäusern ist einen Kilometer entfernt, Fichtelberg mit Gasthäusern und Geschäften drei Kilometer. In Fichtelberg kann man das Deutsche Fahrzeugmuseum (www.amf-museum.de) besuchen. Viele Möglichkeiten für Wanderungen und Mountainbike-Touren.
Einen Stellplatz gibt es nördlich vom Ochsenkopf in Bischofsgrün am Rangenweg 10 (www.bischofsgruen.de).

GENUSSWELT BIERFRANKEN

Nicht nur Brauereikunst und Opernkultur

Gesamtansicht der Flößerstadt Kronach mit Festung

8

Die Regionen Frankens mit starker Bierkultur bilden eine Symbiose aus kulinarischem Genuss und Kultur. In der Bier- und Wagnerstadt Bayreuth glänzt das Markgräfliche Opernhaus als Meisterwerk barocker Theaterarchitektur in der Liste des UNESCO-Weltkulturerbes. Und auch Kulmbach bietet außer Bier große Kultur.

Feriengäste, die kulinarische und kulturelle Freuden gleichermaßen genießen wollen, werden in Bierfranken sicher glücklich. Mit Kultur sind nämlich nicht nur die großen Wagner-Festspiele gemeint, sondern auch hervorragende Bauten, Museen und Kunstwerke verschiedener Zeiten in Bayreuth, Kulmbach und Kronach. Und hinter dem Schlagwort Genuss steckt nicht nur Bier und fränkische Kulinarik, sondern auch der visuelle Genuss großartiger Parkanlagen und der wunderbaren Natur.

FESTSPIELSTADT BAYREUTH

Aus aller Welt kommen Opernliebhaber zu den Richard-Wagner-Festspielen nach Bayreuth. Doch Brauereien und gute Einkehrmöglichkeiten bestätigen auch den Ruf Bayreuths als Bierstadt. Die 500 Meter lange Maximilianstraße vom Sternplatz bis zur Spitalkirche ist die Flaniermeile der Stadt. Und wer Cafés und Läden sucht, wird in der Sophienstraße und der Von-Römer-Straße südwestlich der Maximilianstraße fündig. Vom Sternplatz geht die Ludwigstraße nach Südwesten zum Residenzplatz mit dem Neuen Schloss aus dem 18. Jahrhundert. Im Schloss befindet sich unter anderem das Museum Das Bayreuth der Markgräfin Wilhelmine, dahinter gelangt man in den Hofgarten.

An der Nordseite des Parks findet man das Richard-Wagner-Museum im Haus Wahnfried und benachbart das Franz-Liszt-Museum sowie das Jean-Paul-Museum. Vom Sternplatz führt die Opernstraße zum Markgräflichen Opernhaus, das zum UNESCO-Weltkulturerbe zählt. Das Opernhaus aus dem Jahr 1750 ist ein Meisterwerk barocker Theaterarchitektur. Im Rahmen einer Führung kann der Theatertempel besichtigt werden. Markgräfin Wilhelmine machte mit diesem Opernhaus aus der Residenzstadt eine Kulturmetropole. In der Opernstraße 22 ist die Touristinformation von der es auf dem Luitpoldplatz und auf der Bahnhofstraße zwei Kilometer zum Festspielhaus am Grünen Hügel hinausgeht. Einzigartig in Architektur und Akustik, zählt das Festspielhaus, das Richard Wagner 1872 erbauen ließ, zu den größten Opernbühnen der Welt.

ZUM BIERGARTEN AUF DER THETA Die Wanderung aus dem Bayreuther Zentrum führt über das Festspielhaus und den Siegesturm. Der Turm gewährt (allerdings nur im Sommer) einen Blick über Bayreuth. Der Biergarten auf der Theta liegt im Schatten zweier Nussbäume vor dem alten Natursteinhaus und ist von April bis Dezember geöffnet. Die Wanderung ist einfach fünf Kilometer lang (oder etwas länger, wählt man den Weg entlang des Roten Mains). Wirtshaus Auf der Theta, Hochtheta 6, 95463 Bindlach, Tel. 09208/653 61

Die **Markgräfliche Eremitage** liegt vier Kilometer östlich der Stadt. Die historische Parkanlage mit Altem Schloss, Wasserspielen, künstlichen Ruinen und prunkvollem Sonnentempel zählt zu den bekanntesten Sehenswürdigkeiten der Stadt Bayreuth. 1735 schenkte Markgraf Friedrich das Gelände seiner Ehefrau Wilhelmine, die den Landschaftsgarten gestaltete. Das Alte Schloss ist heute ein Museum und kann besichtigt werden. Das Neue Schloss wurde im Jahr 1753 erbaut und mit einer herrlichen **Orangerie** vollendet.

◀ Das gemütliche Wirtshaus Auf der Theta ▶ Der Sonnentempel und die Orangerie des Neuen Schlosses der Markgräflichen Eremitage sind einzigartig.

Blick vom Westrondell der Burg über Kulmbach

BIERSTADT KULMBACH

Der Name Kulmbach steht nicht nur für Bierseligkeit und deftige fränkische Küche, sondern auch für Kultur. Neben Museen gibt es auch schöne Aussichtsplätze über die Stadt. Hauptsehenswürdigkeit ist die Plassenburg, erstmals 1135 erwähnt. Die jetzt zu sehende Anlage wurde im 16. Jahrhundert erbaut und gilt als eines der größten Renaissancebauwerke Deutschlands. Der Schöne Hof – wohl wirklich der schönste Renaissancehof nördlich der Alpen – ist ein Arkadenhof mit dichtem Reliefdekor.

In der Plassenburg befinden sich das Landschaftsmuseum Obermain, das Deutsche Zinnfigurenmuseum, das Armeemuseum Friedrich der Große und das Museum Hohenzollern in Franken. Die Burg ist nur zu Fuß oder mit dem Bus Linie 5 erreichbar.

Das große Westrondell an der Burg ist ein vortrefflicher Aussichtspunkt über die Stadt. Das Panorama zeigt ganz links den Rehturm, der selbst einen reizvollen Aussichtspunkt über Kulmbach bietet. In der Stadt unten sehen wir von links nach rechts den Turm der Petrikirche, die auf das 12. Jahrhundert zurückgeht und damit die älteste Kirche Oberfrankens ist, und den Turm der Stadtkirche Unsere Liebe Frau. Weiter rechts folgt im näheren Bereich das rote Dach des Roten Turms und dahinter der Marktplatz mit dem kleinen Turm des spätbarocken Rathauses aus dem Jahr 1752. Die Touristinformation ist nahe dem Marktplatz in der Buch-

In Burgkunstadt steht um das Rathaus ein schönes Fachwerkensemble.

bindergasse 5. Der große Platz weiter rechts ist der EKU-Platz, auf dem die Kulmbacher Bierwoche stattfindet. Im Mönchshof Brauhaus in der Hofer Straße 20 befinden sich drei Museen unter einem Dach: das **Bayerische Brauereimuseum**, das **Deutsche Gewürzmuseum** und das **Bayerische Bäckereimuseum**. Sie bilden ein kulturhistorisches Schaufenster in den Lebensmittelstandort Kulmbach.
Zwischen Kulmbach und Kronach bezaubert der Fachwerkbau des Rathauses aus dem 17. Jahrhundert in **Burgkunstadt** und ist einen Blick wert.

KOMMUNBRÄU Kulmbacher Bürger gründeten 1994 den Kommunbräu, und Mitbürger zeichneten Anteile. Neben dem ausgezeichneten Bier hat sich der Kommunbräu mit ehrlicher fränkischer Küche einen Namen gemacht. Das Gourmet-Magazin »Der Feinschmecker« hat den Kommunbräu als eines der 40 besten Bierlokale Deutschlands ausgewählt. Grünwehr 17, www.kommunbraeu.de

8

LUCAS-CRANACH-STADT KRONACH

Die über 1000 Jahre alte Stadt Kronach ist die Geburtsstadt von Lucas Cranach und bezaubert mit Fachwerkhäusern, Stadtmauern und Türmen ihrer erhaltenen Altstadt. Bis ins 19. Jahrhundert war Kronach durch die Lage an drei Flüssen Flößerstadt.

Über dem Stadtbild dominiert die beeindruckende Barockfestung Rosenberg. Von Süden aus stehen wir am Marienplatz vor dem romantischen **Rosenturm** aus dem 16. Jahrhundert, Bestandteil der ehemaligen Stadtmauer. Wir gehen rechts am Turm vorbei und nehmen dann links die Treppe hinauf. Oben steht auf der rechten Seite die gotische **Annakapelle** und links die Stadtpfarrkirche **Sankt Johannes**. Beachtenswert ist das wohl **schönste fränkische Kirchenportal** an der Nordseite aus dem Jahr 1498. Die Kirche markiert die Südspitze der Oberen Stadt. Der Sandsteinbau mit der Nummer 10 wurde 1861 im neogotischen Tudorstil erbaut. Nördlich der Kirche befindet sich der Melchior-Otto-Platz mit Johannesbrunnen, Ehrensäule und bedeutenden Häusern aus vielen Jahrhunderten.

Nach links gelangt man durch das romantische **Bamberger Tor** aus dem 15. Jahrhundert, das erst im Rückblick seine Schauseite zeigt, wieder

Das schöne Bamberger Tor in Kronach

8

hinunter. Vorerst verlassen wir am Bamberger Tor die Obere Stadt und laufen auf der Schwedenstraße unterhalb der hohen Stadtmauer nach Norden. Gegenüber der Brücke über die Haßlach geht es rechts die Treppe hoch und am Pförtchen links auf einem Weg namens Wolfsschlucht noch weiter hinauf. Über eine weitere Treppe kommen wir hinauf zum herrlichen barocken Portal der **Festung Rosenberg**, erstmals im Jahr 1249 urkundlich erwähnt und eine der größten Befestigungsanlagen im Land. Die Baugeschichte umfasst den mittelalterlichen Bergfried, Türme und Mauern aus dem 15. und 16. Jahrhundert und die pentagonalen Bastionen des Spätbarocks. Unbedingt empfehlenswert ist ein Besuch der **Fränkischen Galerie**, die mit Werken von Lucas Cranach und Tilman Riemenschneider auftrumpfen kann.
Von der Festung laufen wir auf der Festungsstraße hinunter, vorbei an der Justizvollzugsanstalt Kronach, die einst der **bischöfliche Kasten** war. Nach dem Stadtturm sind wir wieder in der historischen Oberstadt, die durch liebevoll restaurierte Häuser und verträumte Gassen glänzt. Am Martinsplatz bleiben wir geradeaus und achten auf der rechten Seite auf die **Steinerne Kemenate** aus dem 13. Jahrhundert, die auch als Feuerwehrhaus genutzt wurde. Am gegenüberliegenden Marktplatz steht das moderne

◀ Das prachtvolle barocke Portal ▶ Die Festungsanlage Kronach ist riesengroß.

Wunderbare Aussicht von der Festung über die Altstadt

Kronacher Rathaus mit Touristinformation. Davor versteckt sich unter dem Eschenahorn die **Lucas-Cranach-Statue**. Östlich vom Rathaus steht der **Hexenturm** mit langem Wehrgang aus dem 15. Jahrhundert. Neben dem Turm können wir über die Mauer schauen. Am südlichsten Punkt des Markplatzes gehen wir auf der Lucas-Cranach-Straße weiter abwärts. Gleich rechts steht das **historische Rathaus** aus dem Jahr 1583 mit reich gegliederter Sandsteinfassade, und gegenüber ist das Pottugäßchen, wohl der engste Durchgang in Kronach. Nach dem Haus Nummer 2 schauen wir noch ein Stück nach links in den **Strauer Torweg**. Fachwerkhäuser und der Blick über die Stadtmauer lohnen den Abstecher.

WANDERUNG ZUM LUCAS-CRANACH-TURM Der Rundweg vom Stellplatz an der Hammermühle nach Süden zum Lucas-Cranach-Turm ist fünf Kilometer lang. Der Aussichtsturm bietet nach Norden Fernsicht zur Festung Rosenberg. Im Osten können wir bis zum Schneeberg und Ochsenkopf im Fichtelgebirge schauen, im Süden geht die Sicht über Kulmbach bis zum Kordigast. Im Westen reicht der Blick bis zum Kloster Banz und zum Staffelberg bei Bad Staffelstein. www.weissenbrunn.de

AUF EINEN BLICK

Info

STADT/REGION: Bierfranken, Bayreuth, Kulmbach, Kronach
BESTE REISEZEIT: April bis Oktober
OPTIMALE REISEDAUER: 2–3 Tage
TOURISTINFO: Opernstraße 22, 95444 Bayreuth, Tel. 0921/885 88, info@bayreuth-tourismus.de, www.bayreuth-tourismus.de

SEHENSWÜRDIGKEITEN

BAYREUTH, NEUES SCHLOSS, MUSEUM: www.schloesser.bayern.de, www.bayreuth-wilhelmine.de
HAUS WAHNFRIED: www.wagnermuseum.de
MARKGRÄFLICHES OPERNHAUS: Opernstraße 14, www.schloesser.bayern.de
FESTSPIELHAUS: Festspielhügel 1, www.bayreuther-festspiele.de
EREMITAGE: Eremitage 1, www.schloesser.bayern.de
KULMBACH, MÖNCHSHOF BRAUHAUS: www.kulmbach.de, www.kulmbacher-moenchshof.de
PLASSENBURG: Festungsberg 27: www.plassenburg.de
KRONACH, FESTUNG ROSENBERG: www.kronach.de

STELLPLATZ LOHENGRIN THERME BAYREUTH

ADRESSE: Thermenallee, 95448 Bayreuth, Tel. 0921/79 24 00, info@lohengrin-therme.de, www.lohengrin-therme.de
ANFAHRT: Auf der A9 Ausfahrt 41 Bayreuth-Nord und auf der Eremitagestraße zur Therme.
GPS: 49°56'30.6"N, 11°38'05.1"E
Der ganzjährig nutzbare Platz liegt auf einem schattenlosen Parkplatz. Die Ausstattung umfasst Stromanschlüsse, eine Ver- und Entsorgungsstation und Dusche. Zur Therme sind es 200 Meter, zur Eremitage 1,5 Kilometer und in das Zentrum von Bayreuth fünf. Der Bus Linie 303 fährt zur Eremitage und zum Luitpoldplatz in Bayreuth.
Einen Stellplatz gibt es an der Grünewaldstraße 3 (www.bayreuth.de) und Wohnmobilparkplätze für einen Tagesbesuch am Hohenzollernring gegenüber der Hausnummer 31.

◀ Stellplatz Lohengrin Therme ▶ In Kulmbach steht man unter der Plassenburg.

STELLPLATZ KULMBACH

ADRESSE: Schwedensteg, 95326 Kulmbach, Tel. 09221/958 80, info@stadt-kulmbach.de, www.tourismus-kulmbach.de

ANFAHRT: Auf der A70 Ausfahrt 24 Kulmbach und auf der B85 nach Kulmbach.

GPS: 50°06'40.7"N, 11°27'43.9"E

Der befestigte, teilweise beschattete Platz liegt unterhalb der Plassenburg auf einem Parkplatz und ist ganzjährig geöffnet. Die Ausstattung umfasst Stromanschlüsse und eine Ver- und Entsorgungsstation. Bis zum Zentrum mit Gasthäusern und Läden sind es 700 Meter, zur Plassenburg einen Kilometer und zum Mönchshof Museum 800 Meter. Gute Möglichkeiten für Wanderungen und Radtouren. Bushaltestelle vor dem Platz.

STELLPLATZ HAMMERMÜHLE KRONACH

ADRESSE: Am Sand, 96317 Kronach, Tel. 09261/972 12, poststelle@stadt-kronach.de, www.kronach.de

ANFAHRT: Auf der A73 Ausfahrt 10 Ebersdorf bei Coburg und auf der B303 nach Kronach.

GPS: 50°13'52.2"N, 11°19'40.9"E

Der ganzjährig nutzbare, befestigte Platz ist fast schattenlos. Zur Ausstattung gehören Stromanschlüsse und eine Ver- und Entsorgungsstation. In die Altstadt mit Gasthäusern und Läden ist es einen Kilometer und zur Festung Rosenberg zwei Kilometer. Für Wanderer und Radfahrer bieten sich viele Möglichkeiten.

BAMBERG & BAMBERGER LAND

Eine Idylle zwischen Regnitz und Aisch

Die ehemalige Fischersiedlung in Bamberg wird »Klein-Venedig « genannt.

9

Die Altstadt Bambergs ist als UNESCO-Welterbe ein kulturelles Glanzstück Frankens. Ihre lange Geschichte hält Kleinode wie den Kaiserdom oder das romantische Fischerviertel bereit. Für den Genuss bürgen Biere aus den 13 Brauereien in Bamberg sowie 60 Brauereien im Bamberger Land … und natürlich der fränkische Karpfen.

Bamberg, das »fränkische Rom«, ist allein schon mehr als eine Reise wert. Die Gefahr, sich in die Stadt zu verlieben, ist groß, denn Bamberg hat verschiedenste traumhaft schöne Facetten. Doch da ist auch noch das hübsche Bamberger Land mit Burgen, Schlössern und purer Natur, ergiebig für Radtouren, Wanderungen und Kultur. Nicht zuletzt lohnt ein Besuch der pittoresken Fachwerkstadt Forchheim.

UNESCO-WELTKULTURERBE BAMBERG

Bamberg ist die perfekte Kombination eines städtebaulichen Gesamtkunstwerkes der Architektur aus Hochmittelalter und Barock. Die Stadt war fast tausend Jahre lang das Zentrum kaiserlicher und erzbischöflicher Macht mit Auswirkung auf ganz Mitteleuropa. In diesem Zeitraum entstand die **historische Substanz der Bamberger Altstadt**, die bis heute in großem Umfang original erhalten ist. Außer den berühmten religiösen Bauwerken stehen über 1000 profane Häuser unter Denkmalschutz.

Bamberg ist aufgrund seiner Lage in der Landschaft und an der Regnitz mit den drei historischen Stadtbezirken **Bergstadt**, **Inselstadt** und **Gärtnerstadt** zugleich. Sie bilden die Bamberger Altstadt, die als Ganzes zum UNESCO-Weltkulturerbe gehört – eine einzigartige Mischung historischer Stadtstrukturen, die jeweils ihren eigenen Charakter zeigen.

Wer im Süden der Stadt auf dem Camping- oder Wohnmobilstellplatz steht, geht oder fährt von dort mit dem Fahrrad am linken Regnitzarm flussabwärts in die Altstadt. Spätestens an der idyllischen **Oberen Mühlbrücke** im Bamberger **Mühlenviertel** begeben wir uns auf die linke Uferseite, an der sich die Straße mit dem Namen Obere Mühlbrücke fortsetzt. Alle Stadtteile links des linken Regnitzarmes zählen zur Bergstadt. In der Kurve steht das historische **Klosterbräu**, Wirtshaus und zugleich Bambergs älteste Braustätte, wo seit 1533 Bier gebraut wird (www.klosterbraeu.de). Die Brautradition in Bamberg ist über 1000 Jahre alt.

9

An der Concordiastraße geht es rechts und durch die Judenstraße weiter. Das Haus mit der Nummer 14 ist das herrliche barocke **Böttingerhaus**. Am Ende der Judenstraße kommen wir zum Pfahlplätzchen, an dem wir rechts einbiegen. Links vom Hotel Brudermühle schlendern wir auf dem **Geyerswörthsteg** über den Linken Regnitzarm und gelangen in die **Inselstadt**. Vom Steg aus genießt man die schönste Sicht auf das berühmte **Alte Rathaus** mit dem vorgesetzten Rottmeisterhäuschen. Das Wahrzeichen Bambergs ist zwischen zwei Brücken in den Fluss Regnitz gebaut. 1387 wurde das Rathaus erstmals erwähnt, aber im 15. Jahrhundert neu gebaut und im 18. Jahrhundert im Stil des Barock und Rokoko umgestaltet. Der Sage nach wollte der Bischof von Bamberg den Bürgern keinen Grund für den Bau eines Rathauses gewähren. Deshalb rammten die Bamberger Pfähle in die Regnitz und schufen eine künstliche Insel, auf der sie das Rathaus errichteten.
Am Ende des Stegs stehen wir auf der Insel Geyerswörth vor dem **Residenzschloss Geyerswörth**, das wir nach rechts am Rosengarten und an der Touristinformation vorbei umrunden. Auf dem **Brucknersteg** überqueren wir den Rest des historischen Ludwig-Donau-Main-Kanals aus dem 19. Jahrhundert. Auf der Habergasse geht es geradeaus und an

◀ Blick über Bamberg ▶ Das alte Rathaus ist das Wahrzeichen Bambergs.

Auf der Regnitz verkehren im Sommer auch echte Gondeln.

der Langen Straße links. Wer möchte, bummelt hier nach rechts in die Fußgängerzone am **Grünen Markt**, auf dem täglich Markt gehalten wird.

Tipp

Wer möglichst viel von der Stadt sehen möchte, für den lohnt sich die Bamberg-Card – Fahrschein, Gutschein, Eintrittskarte und Ermäßigungsausweis in einem. Das Drei-Tages-Ticket für 18 Euro beinhaltet die Stadtführung »Faszination Weltkulturerbe«, den Eintritt in acht Museen und Sammlungen sowie kostenfreie Fahrten mit Bus und Bahn in Bamberg und im Bamberger Land. www.bamberg.info/shop/bambergcard-815

Wer auf der Straße Grüner Markt in einem Abstecher immer geradeaus bleibt, verlässt auf der Kettenbrücke die Insel und kommt in die **Gärtnerstadt**. Die mittelalterlichen Strukturen der Hausgärten sind teilweise heute noch erhalten. Seit dem 17. Jahrhundert wurde in der Gärtnerstadt Gemüsegartenbau betrieben. Durch dieses Stadtviertel führt ein beschilderter Rundweg zu einer Aussichtsplattform und zum **Gärtner- und Häckermuseum**.

Wieder vom Grünen Markt zurück laufen wir an der Langen Straße rechts auf der Straße Obstmarkt direkt zum gotisch-barocken **Alten Rathaus** auf der Oberen Brücke. Im Rathaus befindet sich das **Porzellanmuseum**. Nach dem Alten Rathaus gehen wir zweimal rechts auf die **Untere Brücke** am anderen Ende des Rathauses, von der wir den schönsten Blick auf

Auf dem Domplatz stehen mehrere historische Bauten.

die ehemalige Fischersiedlung **»Klein-Venedig«** genießen. Durch diese können sich Gäste romantisch mit einer echten Gondel fahren lassen (www.gondel.info). Von der Unteren Brücke wieder zurück, bleiben wir auf der Dominikanerstraße geradeaus. Auf der rechten Seite findet sich die berühmte Rauchbierbrauerei **Schlenkerla**. Das Malz für das Bier wird im Rauch von Buchenholz getrocknet.

An der Kreuzung nach dem Schlenkerla nehmen wir die Straße Katzenberg links und steigen die Treppe zum **Domplatz** hinauf. Hier wird aufgrund der Bauten der Begriff »Fränkisches Rom« deutlich. Aber Bamberg soll wie die Stadt Rom auf sieben Hügeln stehen. Der **Kaiserdom** mit seinen zwei romanischen und zwei gotischen Türmen ist das markanteste Bauwerk am Platz. Den ersten Dom ließ Kaiser Heinrich II. im Jahr 1002 errichten. Das heutige Gotteshaus mit Stilelementen der Spätromanik und Frühgotik bekam sein Gesicht nach dem Brand im Jahr 1185.

IM KAISERDOM Im Inneren des Doms befindet sich die weltbekannte Skulptur des Bamberger Reiters aus dem Jahr 1230. Diese Figur ist die älteste erhaltene mittelalterliche Plastik eines Reiters. Sehenswert sind zudem das Hochgrab des Kaiserpaares Kunigunde und Heinrich II. , das Tilman Riemenschneider gestaltet hat, sowie der Marienaltar und das Papstgrab Clemens' II. von Veit Stoß. An Samstagen von Mai bis Oktober finden im Dom Orgelkonzerte statt. www.bamberger-dom.de

9

Rechts neben dem Dom stehen die Renaissancegebäude der Alten Hofhaltung, der einstigen Kaiserpfalz, teils noch aus dem 11. Jahrhundert. Hier ist auch das Historische Museum untergebracht. Gegenüber steht die barocke Neue Residenz der Fürstbischöfe aus dem 17. Jahrhundert mit dahinter liegendem Rosengarten und Aussichtsbalkon.
Vom Domplatz gehen wir in Richtung Altstadt zurück, vor der Treppe auf der Residenzstraße links an der Residenz entlang, nach dem eisernen Tor am Ottoplatz wieder links in die Aufseßstraße und nach 50 Metern auf dem Benediktinerweg rechts in Richtung Kloster Sankt Michael. Am Pavillon gelangen wir links über die Treppe zur Aussichtsterrasse des Klosters mit herrlichem Blick über die Stadt. An der Vorderseite des 1015 gegründeten Klosters Sankt Michael ist der Eingang der Klosterkirche. Die im Grunde romanische Kirche wurde im 18. Jahrhundert vom Barockbaumeister Johann Dientzenhofer umgestaltet. Zur Bergstadt gehören noch die südlicheren Stadtteile Kaulberg und Stephansberg, auf dem die Bamberger Bierkeller sind. In Franken gehen die Gäste »auf den Keller«, denn unter den Biergärten befinden sich die alten unterirdischen Bierlager.

Aussicht vom Kloster Sankt Michael zum Kaiserdom

9

EINKEHR MIT AUSSICHT Einer der schönsten Bamberger Bierkeller ist der Spezialkeller in der Sternwartstraße 8. Vom Biergarten besteht eine herrliche Aussicht über die Stadt. (www.spezial-keller.de). Ein Café mit guter Aussicht ist die Villa Remeis in der St.-Getreu-Straße 13 (www.cafe-villa-remeis.de). Und an der höchsten Stelle der Bergstadt ist die Altenburg aus dem 16. Jahrhundert mit Restaurant und traumhaftem Blick über die Stadt (www.restaurant-altenburg.de).

DURCH DAS BAMBERGER LAND

Die Stadt Bamberg ist umgeben von touristischen Gebieten, die interessante Sehenswürdigkeiten und Ausflugsmöglichkeiten bieten. Im Norden rückt das Bamberger Land an den Obermain heran, wo der »Gottesgarten« (s. Seite 62 ff.) beginnt. Im Nordosten lädt bei Scheßlitz in der Fränkischen Schweiz das wunderbare Burglesauer Tal zum Wandern und Klettern ein. Südlich von Scheßlitz steht die Giechburg aus dem 10. Jahrhundert auf einem Berg. Im Westen reicht das Bamberger Land bis an den Steigerwald heran. Und südlich von Bamberg, wo die Aisch in die Regnitz mündet, beginnt zum Beispiel im kleinen Dorf Stiebarlimbach bereits die Welt der Karpfenweiher an der Aisch. Oberhalb des Ortes erhebt sich der Kreuzberg mit Wallfahrtskirche und beliebten Bierkellern. Das gesamte Land ist ein Paradies für Radler, Wanderer und Genießer.

◀ Die Villa Remeis beherbergt ein Café mit guter Aussicht. ▶ Die Kreuzbergkirche

Die Fachwerkstadt Forchheim liegt mitten im Grünen.

EBRACH

In einem idyllischen Tal, umgeben von den Laubwäldern des Steigerwalds, liegt der Markt Ebrach mit seiner **Abtei**. Im Jahr 1127 wurde das Kloster von Zisterziensern gegründet, erstrahlt heute aber in einer monumentalen barocken Architektur, denn im 18. Jahrhundert erfuhr die Anlage durch Leonhard Dientzenhofer eine Umgestaltung. Die gotische Kirche mit der prächtigen **Fensterrosette** blieb bestehen. Die prachtvollen Gärten mit Orangerie sind einen Spaziergang wert. Besonders interessant ist der **Kräutergarten** hinter der Abteikirche, angelegt nach historischen Vorbildern mit über vierzig verschiedenen Kräutern.

Tipp

Nur zwei Kilometer westlich der Abtei gelangt man im Wald zum Baumwipfelpfad Steigerwald. Ein Holzsteg schlängelt sich über einen Kilometer meist in Baumwipfelhöhe durch den Wald und gipfelt in einem 42 Meter hohen Aussichtsturm, der spiralförmig in die Baumkronen hinaufführt. Dabei eröffnet sich Besuchern eine neue Sicht auf das Ökosystem Wald. Wissenswertes dazu liefern außerdem zahlreiche Informationsangebote auf dem Weg. www.baumwipfelpfadsteigerwald.de

9

KÖNIGSSTADT FORCHHEIM

Die überaus hübsche Fachwerkstadt im Süden Bambergs zählt zu den ältesten Städten Frankens. Der **Saltorturm** ist der letzte Rest der Stadtbefestigung aus dem 14. Jahrhundert. Aus der gleichen Zeit stammt das Gebäude der sogenannten **Kaiserpfalz**, das als fürstbischöfliches Schloss errichtet wurde. Die spätgotischen Wandmalereien im Innern gehören zu den wichtigsten Bildzeugnissen Süddeutschlands. An dieser Stelle wurde eine frühere Kaiserpfalz vermutet, was sich aber nicht bewahrheitet hat. Gesichert ist hingegen, dass Forchheim einst ein bedeutender Königshof war. In den Gebäuden sind die Touristinformation und das **Pfalzmuseum** untergebracht. Letzteres zeigt die spannende Stadtgeschichte und Ergebnisse der Archäologie.

Ein kurzer Abstecher vom Pfalzmuseum am Amtsgericht vorbei führt zur **Sankt Vitus Bastion** (Rote Mauer), von der sich ein schöner Blick auf die Stadt ergibt. Von der Kaiserpfalz gelangen wir auf der Kapellenstraße mit schönsten Fachwerkhäusern und weiter auf der Sattlertorstraße nach Osten, vorbei an der originellen Brauerei Neder, zum Marktplatz mit dem **Rathaus** aus dem Jahr 1402. An dieses angebaut ist der **Magistratsbau**

Auch Forchheim hat sein »Klein-Venedig«.

Kammerer's Mühle ist das schiefe Haus.

im Stil der Renaissance von 1535. Die geschnitzten Figuren sind voll ironischer Anspielungen. Hinter dem Rathaus steht die **Kirche Sankt Martin** mit Bauteilen aus dem 11. bis 16. Jahrhundert. Auf der Hauptstraße schlendern wir nach Norden zur **Spitalkirche Sankt Katharina** aus dem 15. Jahrhundert, deren seitlicher Spitalbau im Wasser steht. Auf der Wiesentstraße geht es nun nach Süden durch das **»Klein-Venedig«** von Forchheim mit malerischen Häusern aus dem 16. Jahrhundert direkt an der Wiesent.
Am Badsteg steht mit der Hausnummer 10 **Kammerer's Mühle** aus dem Jahr 1698, auch »Schiefes Haus« genannt. Auf der anderen Seite der Brücke sind im Wasser **Fischkästen** zu sehen, in denen sich Fische lebendig frisch halten lassen. Weiter entlang der Wiesent überqueren wir an der Fuchsenstraße nach rechts das Flüsschen zum »Säumarkt«, wie der Platz mundartlich genannt wird. Über den Paradeplatz und auf der Hauptstraße nach Norden gelangt man zum Rathausplatz zurück.

Im Kellerwald schenken 23 Bierkeller von April bis Oktober köstliches Bier aus und bieten fränkische Spezialitäten an. Der idyllische Wald liegt 1,5 Kilometer nordöstlich der Stadt und ist natürlich ein beliebtes Ausflugsziel. Kein Wunder, dass Forchheim einer der 100 Genussorte Bayerns ist. www.forchheim-erleben.de/de/kulinarik/kellerwald

Tipp

AUF EINEN BLICK

Info

STADT/REGION: Bamberg, Bamberger Land
BESTE REISEZEIT: April bis Oktober
OPTIMALE REISEDAUER: 2–3 Tage
TOURISTINFO: Geyerswörthstraße 5, 96047 Bamberg, Tel. 0951/297 62 00, info@bamberg.info, www.bamberg.info

SEHENSWÜRDIGKEITEN

ALTSTADT BAMBERG: www.bamberg.info/bergstadt, www.bamberg.info/inselstadt, www.gaertnerstadt-bamberg.de
ALTES RATHAUS BAMBERG: Obere Brücke, 96047 Bamberg
ENSEMBLE DOMPLATZ BAMBERG: Domplatz, 96047 Bamberg
MUSEEN IN BAMBERG: www.gaertner-und-haecker-museum.byseum.de/de/home, www.museum.bamberg.de/sammlung-ludwig, www.museum.bamberg.de/historisches-museum
BAMBERGER LAND: www.bamberg.info/ausfluege
ABTEI EBRACH: www.ebrach.de
PFALZMUSEUM FORCHHEIM: www.kaiserpfalz.forchheim.de

CAMPINGPLATZ INSEL BAMBERG

ADRESSE: Am Campingplatz 1, 96049 Bamberg, Tel. 0951/563 20, buero@campinginsel.de, www.campinginsel.de
ANFAHRT: Auf der A73 Ausfahrt 23 Bamberg-Ost und auf der St2281 nach Bamberg.
GPS: 49°51'39.5"N, 10°54'57.1"E
Der ganzjährig geöffnete Platz liegt an der Regnitz im Süden der Stadt. Die teils beschatteten Stellplätze auf Wiese sind mit Stromanschlüssen ausgestattet. Die Sanitärgebäude umfassen Ver- und Entsorgung, WC und Dusche. Am Platz ist ein Minimarkt und ein Restaurant, davor eine Bushaltestelle. Ein Radweg führt über 5 Kilometer ins Zentrum. Am Heinrichsdamm befindet sich auch ein Stellplatz (www.bamberg.info).

CAMPINGPLATZ WEIHERSEE

ADRESSE: Schwimmbadweg 21, 96157 Ebrach, Tel. 09553/989 05 79, weihersee@t-online.de, www.weihersee.de

Auf der Campingplatz Insel in Bamberg gibt es alten Baumbestand.

ANFAHRT: Auf der A3 Ausfahrt 76 Geiselwind und auf der St2258 nach Ebrach.

GPS: 49°50'44.7"N, 10°28'57.0"E

Der ganzjährig geöffnete Platz liegt westlich von Ebrach. Die teilweise beschatteten Stellplätze auf Wiese sind mit Stromanschlüssen ausgestattet. Die Sanitärgebäude umfassen Ver- und Entsorgung, WC und Dusche. Am Platz ist ein Restaurant und vor dem Platz ist ein Freibad. Bis zur Abtei ist es einen Kilometer, zum Baumwipfelpfad zwei und zur Burgruine Stollburg sechs Kilometer.

STELLPLATZ REGNITZBRÜCKE

ADRESSE: An der Regnitzbrücke 3, 91301 Forchheim, Tel. 09191/44 49, tourist@forchheim.de, www.forchheim-erleben.de

ANFAHRT: Auf der A73 Ausfahrt 27 Forchheim Nord und auf der St2244 zum Stellplatz.

GPS: 49°43'16.3"N, 11°03'00.5"E

Der ganzjährig nutzbare Platz liegt gegenüber der Stadt direkt am Main-Donau-Kanal. Die teils beschatteten Stellplätze auf Pflaster sind mit Stromanschlüssen und Ver- und Entsorgungseinrichtung ausgestattet. Die Toilette des Sportplatzes kann tagsüber mitbenutzt werden, aber nicht im Winter. Gasthäuser und Supermarkt sind fußläufig erreichbar. Bis zur Altstadt ist es einen Kilometer, bis zum S-Bahnhof zwei Kilometer. Nürnberg ist auf dem Regnitz Radweg 40 Kilometer entfernt.

TRAUMLAND FRÄNKISCHE SCHWEIZ

Felsen, Höhlen, Burgen

Im beschaulichen Pottenstein herrscht Ursprünglichkeit.

10

Fast 40 mittelalterliche Burgen, 1000 Höhlen, romantische Mühlen und fantastische Felsfiguren präsentieren die Fränkische Schweiz als eine der ältesten Ferienregionen Deutschlands. Über 4000 Kilometer Wanderwege erschließen den Naturpark. Die hohe Dichte an Brauereien garantiert auch kulinarische Genusserlebnisse.

Der Naturpark Fränkische Schweiz ist für Naturliebhaber, Wanderer und Kletterer wie geschaffen. Auch Botaniker und Vogelkundler finden ihr Glück. Von aufregenden Städten weit entfernt, genießen Urlauber hier die Beschaulichkeit kleiner, liebenswerter Orte und die wunderbare Aussicht von Burgen und Felstürmen.

RUND UM OBERNSEES

Das beschauliche Obernsees mit gemütlicher Dorfmitte und kleinem Barockgarten liegt in der leicht hügeligen Landschaft der nördlichen Fränkischen Schweiz. Bekannt ist der Ort wegen der Therme Obernsees mit ihrem heilsamen Thermalwasser. Der Ferienort ist aber auch guter Ausgangspunkt für Wanderungen und Radtouren in der Fränkischen Schweiz oder einen Ausflug ins 15 Kilometer entfernte Bayreuth (s. Seite 80 ff.).

PANORAMA-RUNDWEG Der Wachstein über dem Truppachtal ist ein hervorragender Aussichtspunkt mit Blick auf Obernsees und Truppach. Der Burgstall Plankenfels, Standort einer einstigen mittelalterlichen Burg über dem Naturrefugium Lochautal, ist ein bizarres Felsmassiv mit Aussicht in das Plankenfelser Tal und bis nach Bamberg. Verbindet man Obernsees mit diesen Aussichtpunkten und dem Lochautal, ergibt das den Rundweg Lochautal mit 15 Kilometer Länge.

Südlich von Obernsees gelangt man nach Waischenfeld an der Wiesent mit schönem Ortsbild und spannender Natur vor der Haustür. Rings um den Ort finden sich zahlreiche Felsen-Aussichtspunkte. Südlich beginnt das romantische Ahorntal, das viele als schönstes Tal der Fränkischen Schweiz bezeichnen. Ein Rundwanderweg führt an weiteren bizarren Felsen vorbei und trifft auf die Sophienhöhle, eine der schönsten Tropfstein-

10

höhlen Deutschlands. An der **Burg Rabenstein** aus dem 12. Jahrhundert über dem Tal präsentiert die Falknerei über 80 Greifvogelarten und zeigt Flugvorführungen.

Nördlich von Obernsees liegt der **Felsengarten Sanspareil** mit dem **Morgenländischen Bau**, der von einem Unternehmen zum schönsten Park in Deutschland gekürt wurde. Die Gegend um die mittelalterliche **Burg Zwernitz** vor den Toren Bayreuths diente der markgräflichen Jagd. Ab 1744 ließ Markgräfin Wilhelmine den mystischen Park anlegen. Im Garten befinden sich bizarre Felsgruppen, Grotten und Skulpturen aus der griechischen Mythologie. Von den vielen Elementen wie Pavillons und Häuschen ist heute noch das **Ruinentheater** erhalten.

RUND UM POTTENSTEIN

Bei Pottenstein ist – gegen den Widerstand der Bevölkerung – mit der **Erlebnismeile** die stärkste touristische Aufarbeitung in der Fränkischen Schweiz geschehen. Wie man sehen kann, gibt es ja auch genug Menschen, die Attraktionen wie Sommerrodelbahn oder Skywald lieben und glücklich sind. Im historischen Pottenstein in traumhafter Felsenkulisse unter der Burg blieb noch Ursprünglichkeit erhalten, und in der umgebenden Natur herrscht ohnehin Ruhe. Die **Fachwerkhäuser** um die Kirche und das

◀ Das Ruinentheater im Felsengarten Sanspareil ▶ Im beschaulichen Pottenstein

Die Burg Pottenstein thront auf einem Dolomitfelsen.

Wirtshaus prägen sich als hübsches Ensemble ein. Die 1000-jährige Burg Pottenstein über den Dächern bietet einen herrlichen Blick über Stadt und Felsenlandschaft. Die Burg mit Garten und Museum kann besichtigt werden.

Oberhalb der Burg Pottenstein befindet sich der Aussichtspunkt Hohe Warte mit fantastischer Sicht auf Pottenstein. Und wandert man auf dem Elisabethweg noch weiter, bietet der Aussichtsturm Himmelsleiter ein umfassendes Panorama über die Fränkische Schweiz. Vom Stellplatz aus geht das mit Pottenstein in einem Rundweg von fünf Kilometern.

Tipp

Südlich von Pottenstein liegt der Schöngrundsee mit Bootsverleih und gegenüber das Felsenbad (www.felsenbad-pottenstein.info). Weiter südlich gelangt man zur berühmten Teufelshöhle, einer der größten Tropfsteinhöhlen Deutschlands. Als das Meer durch Hebung der Kontinente trockenfiel, löste kohlensäurehaltiges Wasser den Kalk in Klüften und Spalten zu Höhlen auf. Eindringendes Regenwasser ist für die Bildung der Stalaktiten und Stalagmiten verantwortlich.

Neun Kilometer nordöstlich von Pottenstein steht auf der Hohenmirsberger Platte ein Aussichtsturm mit einem 360-Grad-Panorama über die Fränkische Schweiz. Hinter dem Turm gibt es in einem alten Steinbruch einen Fossilienklopfplatz. Nordwestlich von Pottenstein liegt der verträumte Ort

Tüchersfeld ist der »Vorzeigeort« der Fränkischen Schweiz.

Tüchersfeld im Püttlachtal, der »Vorzeigeort« der Fränkischen Schweiz. Die Fachwerkhäuser an den markanten Felsen der Jura-Riffe geben ein nostalgisches Bild ab. Auf einem Felsen, der von jedem bestiegen werden kann, befindet sich der Aussichtspunkt Fahnenstein. Der Judenhof unterhalb, ein Häuserkomplex aus dem 18. Jahrhundert, beherbergt das Fränkische Schweiz-Museum. Ausgestellt sind Exponate aus der Erdgeschichte, Archäologie und Geschichte der Region.

RUND UM EBERMANNSTADT

Der zentrale Ort im Tal der Wiesent ist das über 1000 Jahre alte Ebermannstadt. Die Fachwerkhäuser am Marktplatz stammen aus dem 17. Jahrhundert. Die Stadt liegt auf einer Insel und wird von zwei Armen der Wiesent liebevoll umflossen. Der Inselrundweg ist ein zwei Kilometer langer Spazierweg um die Altstadt entlang der Wiesent. Seit dem 16. Jahrhundert sind Wasserschöpfräder in Ebermannstadt belegt. Ein Wasserrad dreht sich in der Wiesent an der Straße Oberes Tor nahe der Touristinformation.

10

ZUM PRETZFELDER KELLER Über die Aussichtspunkte Schlüsselstein und Aussichtsturm Wallerwarte führt der Wanderweg durch Wälder nach Süden in das Pretzfelder Kirschenanbaugebiet. Am Weg liegt der Pretzfelder Keller, ein typisch fränkischer Biergarten im Wald auf alten Bierkellern. Vom Garten aus schaut man nach Süden zum Walberla, dem »heiligen Berg« der Franken. Der Rundweg ist acht Kilometer lang.

Das **Walberla**, zehn Kilometer südlich von Ebermannstadt, wird gewöhnlich von Kirchenehrenbach aus bestiegen. Auf dem Wanderparkplatz dürfen auch Wohnmobile stehen. Der Panoramaweg über das Walberla bietet bestimmt einige der besten Aussichtspunkte in der Fränkischen Schweiz. Sagen über die Walpurgisnacht umspannen die Felstürme, und noch heute geht es in dieser Nacht auf dem Berg hoch her. Die **Walpurgiskapelle** aus dem 17. Jahrhundert nimmt wahrscheinlich die Stelle eines heidnischen Kultplatzes ein. Dafür sprechen auch die vielen Sagen und Mythen um die Walpurgisnacht, in der sich Hexen mit dem Teufel treffen. Nach christlichem Glauben soll die heilige Walpurga vor Hexen schützen.
Eine Erschließung des Walberla ist seit der frühen Jungsteinzeit durch Keramikfunde nachweisbar. Im 13. Jahrhundert v. Chr. (Bronzezeit) und neuerlich auch im 3. Jahrhundert v. Chr. (Latènezeit) war der Berg mit einer Steinmauer zu einer stark befestigten, großen Siedlung ausgebaut worden.

◀ In den Kellern wurde einst Bier gelagert. ▶ Die Walpurgiskapelle am Walberla

10

Am ehemaligen Haupttor sind ein paar Meter der Mauer rekonstruiert. Der südliche Gipfel des Walberla ist wegen der seltenen Pflanzen in den Halbtrocken- und Trockenrasen als Naturschutzgebiet ausgewiesen. Eine Fahrt von Ebermannstadt nach Norden erschließt das herrliche Wiesenttal mit Burgen, Höhlen und Felsen in den Hügelflanken.

Tipp

Eine Fahrt mit den historischen Zügen der Museumsbahn ist Nostalgie pur. Von Ebermannstadt geht es an Sonn- und Feiertagen auf der 16 Kilometer langen Strecke über Streitberg, Muggendorf und Gößweinstein bis Behringersmühle entlang der Wiesent durch das malerische Tal. Dampfbahn Fränkische Schweiz e. V., Tel. 09194/72 51 75, www.dampfbahn.net

Vielfach interessant sind die Sehenswürdigkeiten in **Streitberg**. Über den **Wiedenbach**, einen Wasserfall aus Tuffstein, wandern wir hinauf zur **Binghöhle**. Die wunderbare Tropfsteinhöhle kann im Rahmen von Führungen besichtigt werden, die fortlaufend stattfinden. Die Temperatur beträgt allerdings auch im Sommer nur neun Grad.

Bei Muggendorf gibt es zahlreiche frei zugängliche Höhlen.

Spaß auf der Wiesent bei Muggendorf

Der Pavillon über Streitberg, die Burgruine Streitburg und die Burgruine Neideck sind weitere drei wunderbare Aussichtspunkte über dem Tal. Wer möchte, kann sie mit der Binghöhle zu einer sieben Kilometer langen Rundwanderung verbinden. Über dem nächsten Ort Muggendorf befinden sich ebenfalls bedeutende Höhlen und Aussichtspunkte, die frei zugänglich sind. Neben dem tollen Wander- ist es außerdem ein empfehlenswertes Wassersportgebiet. Viele Bootsverleiher bieten vom Kanu über das Kajak bis zum Tretboot alles, um die Gegend vom Wasser aus zu erkunden.
Gößweinstein ist berühmt wegen seiner Burg und Basilika zur Heiligen Dreifaltigkeit. Die Wallfahrtskirche aus dem 18. Jahrhundert gehört zu den bedeutendsten Werken des Spätbarocks und gilt als Meisterwerk Balthasar Neumanns. In der Basilika finden regelmäßig Führungen mit Orgelkonzert statt. Die private Burg Gößweinstein besteht mindestens seit 1076. Das Museum mit Kemenate, Kapelle, romanischem Zimmer und Verlies kann von Besuchern auf eigene Faust erkundet werden. Dort oben gibt es auch einen Biergarten mit herrlicher Aussicht. Vom Ort aus kann man auf den vier Kilometer langen Balthasar-Neumann-Rundwanderweg aufbrechen, der über die Burg die schönsten Aussichtspunkte rund um Gößweinstein besucht.

AUF EINEN BLICK

Info

STADT/REGION: Fränkische Schweiz
BESTE REISEZEIT: April bis Oktober
OPTIMALE REISEDAUER: 2–3 Tage
TOURISTINFO: 91320 Ebermannstadt, Oberes Tor,
Tel. 09194/506 40, touristinfo@ebermannstadt.de,
www.ebermannstadt.de, www.fraenkische-schweiz.com

SEHENSWÜRDIGKEITEN

AHORNTAL, SOPHIENHÖHLE, BURG RABENSTEIN: www.ahorntal.de, www.burg-rabenstein.de, www.falknerei-rabenstein.de
FELSENGARTEN SANSPAREIL: www.schloesser.bayern.de
BURG POTTENSTEIN, TEUFELSHÖHLE, ERLEBNISFELSEN: www.burgpottenstein.de, www.pottenstein.de, www.erlebnisfelsen-pottenstein.de
FRÄNKISCHES SCHWEIZ-MUSEUM: www.fraenkische-schweiz-museum.de
WALBERLA: www.walberla.de
ROMANTISCHES TÜCHERSFELD: www.pottenstein.de
BINGHÖHLE IN STREITBERG: April bis Oktober, www.binghoehle.de
BASILIKA UND BURG GÖSSWEINSTEIN: www.pfarrgemeinde-goessweinstein.de, www.burg-goessweinstein.de

STELLPLATZ THERME OBERNSEES

ADRESSE: An der Therme 1, 95490 Mistelgau-Obernsees,
Tel. 09206/99 30 00, info@therme-obernsees.de,
www.therme-obernsees.de
ANFAHRT: Auf der A70 Ausfahrt 20 Stadelhofen und auf der St2191 und B22 nach Obernsees.
GPS: 49°54’59.0”N, 11°22’41.2”E
Der partiell beschattete, befestigte Platz ist ganzjährig nutzbar und liegt nahe der Therme Obernsees. Zur Ausstattung gehören Stromanschlüsse, Ver- und Entsorgungseinrichtung und Sanitäranlagen. Nach Obernsees mit Gasthäusern und Läden sind es 700 Meter. Eine Wanderung zum Aussichtspunkt Wachstein ist drei Kilometer weit.

Der Campingplatz Bärenschlucht liegt direkt an der Püttlach.

STELLPLATZ POTTENSTEIN

ADRESSE: Langer Berg, 91278 Pottenstein, Tel. 09243/708 41, info@pottenstein.de, www.pottenstein.de

ANFAHRT: Auf der A9 Ausfahrt 44 Pegnitz und auf der B2 und B470 nach Pottenstein.

GPS: 49°45'46.3"N, 11°24'29.9"E

Der befestigte Platz ist ganzjährig geöffnet. Zur Ausstattung gehören Stromanschlüsse und Ver- und Entsorgungseinrichtung. Zu einem Supermarkt sind es 200 Meter, nach Pottenstein und zur Burg 1,5 Kilometer, zum Erlebnisfelsen 500 Meter und zur Teufelshöhle zwei Kilometer.
Zwei Kilometer nordwestlich von Pottenstein liegt der ruhige Campingplatz Bärenschlucht (www.baerenschlucht-camping.de).

STELLPLATZ EBERMANNSTADT

ADRESSE: Parkplatz P2, Oberes Tor, 91320 Ebermannstadt, Tel. 09194/506 40, touristinfo@ebermannstadt.de, www.ebermannstadt.de

ANFAHRT: Auf der A73 Ausfahrt 26 Buttenheim und auf der St2960 und St2260 nach Ebermannstadt.

GPS: 49°46'59.1"N, 11°11'19.0"E

Der anspruchslose Platz auf dem Parkplatz eines Geschäftszentrums liegt zentral, ist nachts ruhig und ganzjährig möglich. In der Kalkstraße vor der Feuerwehr gibt es eine Ver- und Entsorgungsstation. In die historische Altstadt von Ebermannstadt sind es 500 Meter. Der Ort ist guter Ausgangspunkt für Wanderungen und Radtouren.
Zwei Kilometer nordöstlich von Ebermannstadt verspricht der Campingplatz Bieger Ruhe (www.campingplatz-bieger.de).

AISCHGRUND & STEIGERWALD

Die stillen Seiten Frankens

Blick von der alten Aischbrücke zum Schloss in Höchstadt an der Aisch

11

Teiche reihen sich wie Perlen an einer Kette durch das Zentrum der fränkischen Karpfenzucht im Aischgrund. Gourmets ziehen in den Monaten mit dem »R« im Namen in die Landgasthäuser der Region, während ein Netz an Rad- und Wanderwegen Aktivtouristen durch die Eichen- und Buchenwälder im Naturpark Steigerwald führt.

Das Karpfenland Aischgrund erstreckt sich von der Quelle der Aisch bei Burgbernheim über 80 Kilometer bis zur Mündung in die Regnitz bei Trailsdorf. Die stille Landschaft ist von über 7000 Weihern geprägt, die den Aischgrund zur größten zusammenhängenden Weiherlandschaft Europas machen. Das Gebiet steht für weitläufige, unberührte Natur. Doch auch die kulinarischen Genüsse und fränkische Gastlichkeit kommen dabei nicht zu kurz.

MÜNCHSTEINACH UND UEHLFELD

Der Ort an der Aisch liegt in der Mitte des lang gestreckten Aischgrundes und ist deshalb mit seinem Campingplatz Steigerwald ein guter Ausgangspunkt. Von dem im Jahr 1102 gegründeten Kloster ist nur noch das schöne **romanische Münster** erhalten. Im Klosterhof befindet sich ein Garten mit biblischen Pflanzen. Münchsteinach bietet aber noch mehr für Entdecker und Genießer. Auf dem Weg von Münchsteinach nach Höchstadt an der Aisch sollten Reisende wegen der ungefähr **40 Storchennester** durch Uehlfeld fahren. Allein auf der Kirche brüten Störche in fünf Nestern. Uehlfeld ist Deutschlands Storchenhauptstadt. Dort gibt es auch eine Karte, in der alle Storchennester eingezeichnet sind, und einen Storchen-Lehrpfad mit Aussichtsplattform.

DER KARPFEN-RUNDWEG In Uehlfeld startet auch der Karpfen-Rundweg. Er führt in einer Teichlandschaft an zahlreichen schönen Punkten, etwa an einem kleinen Aussichtsturm und an einer Vogelbeobachtungsstation, vorbei. Im Weisachsee darf sogar gebadet werden, und in Voggendorf gibt es einen Biergarten mit Aussicht. Den 27 Kilometer langen Weg kann man entweder mit dem Fahrrad oder in zwei Etappen mit den Wanderschuhen erkunden. www.uehlfeld.de

11

HÖCHSTADT AN DER AISCH

Die 1000-jährige Stadt nennt sich »Frankens lebendige Mitte« und ist auch tatsächlich als Verwaltungs- und Einkaufsstadt und mit seinen Bildungseinrichtungen das Zentrum im Karpfenteichland. Zwei Kilometer von der Altstadt entfernt gibt es am Eisstadion am Kieferndorfer Weg einen Parkplatz und Stellplatz.

In Höchstadt an der Aisch sitzen ebenfalls viele Störche auf den Dächern, etwa am **Marktplatz**, auf dem mittwochs und samstags ein Bauernmarkt stattfindet. Das **Rathaus** ist ein klassizistischer Bau. Das benachbarte Fachwerkhaus **Dengleranwesen** gehört zum Rathaus und wurde bereits im Jahr 1625 erwähnt. Der jetzige Bau stammt allerdings aus dem 17. Jahrhundert. Der Turm der **Kirche Sankt Georg** wiederum geht zum Teil noch auf das 12. Jahrhundert zurück. Der barocke **Brunnen** mit toskanischen Säulen schließt den Platz im Süden ab. Dort an der Kreuzung steht das spätklassizistische **Alte Rathaus** mit Heimatmuseum. Dahinter ist in der Hauptstraße der **Stadtturm** zu sehen. Der Torturm aus dem 14. Jahrhundert ist das Wahrzeichen Höchstadts. Die Haube wurde ihm allerdings erst in der Barockzeit »aufgesetzt«.

Vom Heimatmuseum geht es auf dem Schlossberg zum **Schloss Höchstadt** am Ufer der Aisch. Der Bau stammt aus dem Jahr 1714, steht aber an der Stelle einer früheren Burg. Der Blick von der **Alten Aischbrücke**

◀ Das Torhaus in Uehlfeld stammt aus dem Jahr 1787. ▶ Die Storchennester in Höchstadt sind unter www.storchennest-hoechstadt.de live zu beobachten.

Idylle hinter dem Schloss an der Aisch

aus dem 14. Jahrhundert auf die Stadtmühle und das Schloss zeigt ein hübsches Ensemble. Reste der Stadtmauer stammen ebenfalls aus dem 14. Jahrhundert.

Nördlich der Altstadt befindet sich auf dem Kellerberg das größte Kellerlabyrinth Europas. Die vor 400 Jahren in den Sandstein gehauene Gänge haben eine Gesamtlänge von zwei Kilometern. Der idyllische Engelgarten liegt im Westen der Altstadt zwischen historischer Stadtmauer und der Aisch mit schönem Blick über die Aischauen – eine wunderbare Anlage und Oase für alle, die abschalten und entspannen wollen.

AISCHTAL-RADWEG Der Aischtalradweg ist 120 Kilometer lang und natürlich – wie fast alles in dieser Gegend – mit dem Symbol eines Karpfens ausgeschildert. Er verbindet Bamberg mit Rothenburg ob der Tauber. Überall kann man in den Radweg einsteigen und den Aischgrund in beliebiger Länge erkunden. Am Weg gibt es etliche Einkehrmöglichkeiten, Rastplätze und schöne Ansichten. www.frankentourismus.de

NEUSTADT AN DER AISCH

Die gemütliche Altstadt wartet mit Fachwerkhäusern, mittelalterlicher Stadtmauer, malerischen Gassen und idyllischen Plätzen auf. Der Marktplatz, auf dem samstags ein Bauernmarkt stattfindet, ist der ideale

Am Marktplatz in Neustadt an der Aisch findet samstags ein Bauernmarkt statt.

Ausgangspunkt für die Besichtigung der historischen Altstadt. Die Mitte des Marktplatzes schmückt der **Neptunbrunnen**. Das heutige barocke **Rathaus** entstand im 18. Jahrhundert. Die Arkaden wurden einst als Verkaufsgewölbe genutzt. Der bekannteste Bewohner des Rathauses – und gleichzeitig das Wahrzeichen der Stadt – ist der **Geißbock** im Turm auf dem Dach. Täglich um zwölf Uhr dreht er seine Runde und meckert dabei die Störche an.

Tipp

Die Sage vom Geißbock erinnert an die Errettung der Stadt im Jahr 1461, als diese belagert wurde. Damals ließ sich ein Schneider in das Fell eines Geißbocks einnähen, um einen Überfluss an Nahrung vorzutäuschen. Die Belagerer gaben daraufhin die Blockade auf, der Schneider wurde als Held gefeiert … und der Geißbock wurde das Wahrzeichen der Stadt.

Die stillgelegte historische **Köstnerschmiede** in der Nähe des Marktplatzes wird im Rahmen von Stadtführungen gezeigt. Sie ist mit allen alten Werkzeugen der Hufschmiede und ersten Maschinen aus den 1930er-Jahren erhalten. In den Gassen um den Marktplatz finden sich behagliche Gasthäuser und Biergärten, in denen es fränkische Bratwürste, Aischgründer Karpfen, heimisches Bier und Frankenwein gibt. Auf der Nürnberger Straße geht es nach Osten zum Nürnberger Tor, das als einziges von ehemals vier Stadtmauertoren noch erhalten ist. Nördlich des Marktplatzes steht die älteste Kirche der Stadt: Die Stadtkirche wurde im 15. Jahrhundert erbaut und 1614 mit der Welschen Haube versehen.

Weiter nach Norden zeigt Neustadt sein Altes Schloss, das 1430 als Wasserschloss erbaut wurde. Eine Brücke führte einst über den Stadtgraben in den Hofgarten. Heute beherbergt das Schloss das Aischgründer Karpfenmuseum, das Markgrafenmuseum und die KinderSpielWelten. Dort, wo sich heute daneben die Schule befindet, stand das 1626 vollendete Neue Schloss, das allerdings 1906 abbrannte. Erhalten ist nur der achteckige Treppenturm. Südlich des Alten Schlosses gelangt man zum idyllischen Bleichweiher, an welchem auch der Pulverturm steht. Auf einem Spaziergang entlang der mittelalterlichen Stadtmauer im Südosten der Stadt lassen sich noch einige der ehemals elf Türme entdecken und viele beschauliche Plätzchen finden. Auch die wildromantische Pfalzbachschlucht im Nordwesten der Stadt wird gerne für einen Spaziergang genutzt. Ein weit verzweigtes Netz von abwechslungsreichen Rad- und Wanderwegen rankt sich um Neustadt an der Aisch.

◀ Das Nürnberger Tor aus dem 14. Jahrhundert ▶ Das Alte Schloss von Neustadt

11

DIE AISCHGRÜNDER BIERRUNDE Die 64 Kilometer lange Aischgründer Rad-Bierrunde beginnt in Neustadt an der Aisch gegen den Uhrzeigersinn nach Oberreichenbach und führt über Uehlfeld und Münchsteinach wieder nach Neustadt zurück. Entlang der Bierrunde laden Brauereien, typisch fränkische Gasthäuser und Biergärten mit ihren Spezialitäten zur Pause ein. Romantische Einkehrmöglichkeiten sind beispielsweise der Voggendorfer Keller bei Uehlfeld oder der Felsenkeller der Brauerei Geyer in Oberreichenbach.

BAD WINDSHEIM

Die vier Heil- und Solequellen und die Franken-Therme Bad Windsheim locken heutzutage viele Gäste an. Die ehemals freie Reichsstadt Windsheim zeigt in der Altstadt fränkische Fachwerkhäuser neben steinernen Zeugnissen aus der Zeit der Renaissance und dem Rokoko. Am Marktplatz dominieren das prachtvolle barocke Rathaus, das eher einem Schloss

Seekapelle, Rokokohaus und Schöner Brunnen am Weinmarkt

Impressionen aus dem Fränkischen Freilandmuseum

ähnelt, und die Stadtkirche Sankt Kilian aus dem 15. Jahrhundert. An dieser Stelle stand im 13. Jahrhundert schon eine karolingische Kirche. Ein herrlicher Rundblick über die Stadt bietet sich vom Turm der Sankt-Kilian-Kirche, was aber nur mit einer Führung möglich ist.

Die Archäologischen Fenster vor dem Rathaus gewähren Einblick in ein Gräberfeld des 8. bis 10. Jahrhunderts und auf Reste von Gebäudekellern. Versteckt nordöstlich vom Marktplatz findet sich außerdem die Stelle, an der im 13. Jahrhundert ein Kloster stand. Heute ist nur noch der Chor der Kirche erhalten. An der Rückseite des Rathauses ist in der Krämergasse mit der Hausnummer 2 das mit reichem Fachwerk versehene Stadtschreiberhaus von 1570 zu sehen. Vom Marktplatz gelangt man auf der Kegetstraße Richtung Süden direkt zum Schönen Brunnen und zum Rokokohaus aus dem Jahr 1743.

Auf der Seestraße nach Osten wiederum erreicht man den Ochsenhof aus dem Jahr 1537. Das Fachwerkgebäude wurde als Getreidekasten erbaut und beherbergt heute das Reichsstadtmuseum. Wieder gen Westen durch die Engerergasse kommt man am Holzmarkt zum Alten Bauhof mit dem riesigen Walmdach. 1443 erbaut, stellt es eines der größten Holzbauwerke des Mittelalters dar. Der Alte Bauhof gehört zum Fränkischen Freilandmuseum, zu dem es durch die Hirschgasse nur noch einen Katzensprung nach Süden ist. Ein Rundgang durch das Freilandmuseum ist eine Zeitreise durch 700 Jahre fränkische Alltagsgeschichte. Auf dem Gelände werden 100 fränkische Originalgebäude neben Tieren, Archäologie und Handwerksvorführungen gezeigt.

AUF EINEN BLICK

Info

STADT/REGION: Bad Windsheim, Aischgrund
BESTE REISEZEIT: April bis Oktober
OPTIMALE REISEDAUER: 2–3 Tage
TOURISTINFO: Marktplatz 5, 91413 Neustadt an der Aisch, Tel. 09161/666 14, kulturamt@neustadt-aisch.de, www.neustadt-aisch.de

SEHENSWÜRDIGKEITEN

KARPFENLAND AISCHGRUND: www.karpfenland-aischgrund.eu
KÖSTNERSCHMIEDE NEUSTADT AN DER AISCH: Tel. 09161/662 09 05
ALTES SCHLOSS, MUSEEN NEUSTADT AN DER AISCH: www.museen-im-alten-schloss.de
REICHSSTADTMUSEUM BAD WINDSHEIM: www.reichsstadtmuseum-ochsenhof.de
FREILANDMUSEUM BAD WINDSHEIM: Eisweiherweg 1, 91438 Bad Windsheim, www.freilandmuseum.de

CAMPINGPLATZ STEIGERWALD

ADRESSE: Badstraße 10, 91481 Münchsteinach, Tel. 09166/750, camping@muenchsteinach.de, www.muenchsteinach.de
ANFAHRT: Auf der A3 Ausfahrt 77 Schlüsselfeld und auf der St2256 und St2259 nach Münchsteinach.
GPS: 49°38'24.9"N, 10°35'59.0"E
Der ganzjährig geöffnete, teilweise beschattete Wiesenplatz liegt am See. Die Ausstattung umfasst Strom, Ver- und Entsorgung, WC, Dusche, Restaurant. In den Ort mit Geschäften und Gasthäusern sind es 500 Meter. Die Umgebung ist durch Wander- und Radwege gut erschlossen. Der Kunst- und Naturerlebnisweg – »Oasen der Sinne« ist drei Kilometer entfernt und besonders für Kinder interessant.

STELLPLATZ FESTPLATZ

ADRESSE: An den Sommerkellern, 91413 Neustadt an der Aisch, Tel. 09161/666 14, kulturamt@neustadt-aisch.de, www.neustadt-aisch.de

Auf dem Festplatz in Neustadt ist viel Platz für Wohnmobile.

ANFAHRT: Auf der A3 Ausfahrt 77 Schlüsselfeld und auf der St2256 und St2259 nach Neustadt an der Aisch.
GPS: 49°34'57.9"N, 10°36'12.5"E
Der befestigte Stellplatz ist ganzjährig nutzbar, außer um Pfingsten. Es gibt Stromanschlüsse und eine Ver- und Entsorgungsstation. Zum historischen Marktplatz und zu Geschäften sind es 600 Meter. Der Platz liegt am Aischtal-Radweg.
Es gibt noch einen Stellplatz am Waldbad am Eilersweg, allerdings ohne Ver- und Entsorgung.

STELLPLATZ PHOENIX

ADRESSE: Bad Windsheimer Straße 7, 91438 Bad Windsheim, Tel. 09841/68 50 87, info@phoenix-reisemobilhafen.de, www.phoenix-reisemobilhafen.de
ANFAHRT: Auf der A7 Ausfahrt 106 Uffenheim und auf der St2252 nach Bad Windsheim.
GPS: 49°30'48.1"N, 10°25'00.1"E
Die Stellplätze auf einem überwiegend schattenlosen Parkplatz an der Frankentherme sind ganzjährig geöffnet. Am Platz sind Sanitärgebäude, Ver- und Entsorgungsstationen und Stromanschlüsse. In die Altstadt sind es 1,5 und zum Freilandmuseum 2,5 Kilometer. Eine Bushaltestelle ist in der Nähe. Ipsheim und die Burg Hoheneck sind zehn Kilometer entfernt. Ebenso weit ist es zum sehenswerten Burgbernheim.
Am Freilandmuseum gibt es auch einen Stellplatz für Wohnmobile (www.freilandmuseum.de, Tel. 09841/41 15).

STÄDTEREGION NÜRNBERG

Touren für Entdecker

Postkartenmotiv: der Weinstadel mit Wasserturm und Henkersteg in Nürnberg

Nürnberg, Fürth und Erlangen – drei Städte, die fränkischen Charme und Esprit aussenden. Im Nürnberger Land finden Entdecker neben bizarren Felstürmen, Höhlen oder Burgen blühende Obstbäume in den Flusstälern. Die Festung Rothenberg über Schnaittach oder die Burg Hohenstein sind beliebte und aussichtsreiche Wanderziele.

Urlaub in der Großstadt? Ja bitte, und gerne auch mit Kindern. Nürnberg, das Nürnberger Land und die benachbarten Städte haben unglaublich viel zu bieten. Für Nürnberg gibt es sogar einen speziellen Stadtplan für Kinder. Spätestens wenn die Kleinen Lebkuchen backen, im Playmobil-FunPark auf das Piratenschiff steigen oder ins Königreich der Meerjungfrauen eintauchen, sprüht Begeisterung aus ihren Augen … nicht zu vergessen der große Nürnberger Tiergarten. Doch die Städteregion Nürnberg ist natürlich auch für Erwachsene interessant.

KAISERSTADT NÜRNBERG

Nürnberg ist nicht nur wegen seines weltberühmten Christkindlesmarkts, der Lebkuchen und Bratwürste bekannt. Allein mit dem berühmten Maler Albrecht Dürer beginnt ein ganzer Reigen reicher Kulturschätze aus dieser Stadt. Nürnberg besitzt eine einzigartige historische Altstadt und ist zugleich eine moderne Metropole, Universitätsstadt und Wirtschaftsstandort mit über einer halben Million Einwohnern.

Ein Rundgang in der Nürnberger Altstadt beginnt nahe dem Hauptbahnhof am U-Bahnhof Lorenzkirche in der Königstraße. (Wer möchte, kann dafür die Broschüre »Sehen & Erleben« nutzen, die im Tourismusbüro am Hauptmarkt erhältlich ist.) Die Lorenzkirche, Anfang des 14. Jahrhunderts fertiggestellt, beeindruckt durch das prächtige Portal an der Westfassade. Berühmte Künstler wie Veit Stoß und Adam Kraft waren an der Innenausstattung beteiligt. Auf der Königstraße gehen wir stadteinwärts, auf der Kaiserstraße links und dann rechts über die Karlsbrücke auf die Pegnitzinsel. Würden wir geradeaus die Insel verlassen, kämen wir zu einigen schönen Museen der Stadt: zunächst zum Deutschen Museum Nürnberg sowie zum Spielzeugmuseum, das die 600-jährige Spielzeuggeschichte der Stadt zeigt. Auf der Insel nach links gelangt man zum Bratwurstmuseum und schließlich zum Henkerhausmuseum.

12

Auf dem Henkersteg laufen wir links wieder über die Pegnitz und etwas weiter vorne rechts auf die Maxbrücke. Von der Brücke erfassen wir das Postkartenmotiv **Weinstadel** und Henkersteg. Der Weinstadel aus dem 15. Jahrhundert ist übrigens eines der größten Fachwerkhäuser Deutschlands. Der Blick nach Westen zeigt den **Kettensteg**.
Von der Maxbrücke geht es am südlichen Pegnitzufer zurück zum Kettensteg – dort überqueren wir die Pegnitz erneut, schreiten dann über den Maxplatz und schlendern durch die **Weißgerbergasse**. Hier stehen die alten Fachwerkhäuser der Gerber in einem harmonischen Ensemble vereint. Die Erker an den Häusern werden in Nürnberg »Chörlein« genannt. Über den Weinmarkt kommen wir zur spätromanischen **Sebalduskirche**, mit deren Bau 1230 begonnen und die 1349 im hochgotischen Stil erweitert wurde. Ein besonderes Erlebnis ist die Besteigung des Turms der Kirche bis auf 50 Meter Höhe. Von dort oben hat man einen hervorragenden Ausblick über die Dächer Nürnbergs.

Blick auf den Schlayerturm und den Kettensteg

Die berühmte Fachwerkhäuser-Zeile in der Weißgerbergasse

Tipp

Mit der Nürnberg Card + Fürth fährt man kostenlos an zwei Tagen durch Nürnberg und Fürth und hat freien Eintritt in alle Museen und Sehenswürdigkeiten. Die Karte gibt es vorab oder vor Ort in den Touristinformationen für 28 Euro. Sie wird allerdings nur an Gäste ausgegeben, die auf einem Campingplatz stehen. Für Stellplatz-Besucher gibt es im Verkehrsverbund günstige Tagestickets für den Großraum Nürnberg. www.tourismus.nuernberg.de/nuernbergcard, www.vgn.de

Hinter der Kirche befindet sich das Alte Rathaus im Renaissance-Stil, das gotische Wurzeln besitzt. In den Kellergewölben ist das mittelalterliche Lochgefängnis mit Folterkeller zu besichtigen. Wer einen traumhaft schönen Renaissance-Innenhof sehen möchte, macht vom Rathaus einen Abstecher auf der Theresienstraße nach Osten zum Pellerhaus am Egidienplatz 23. Der prunkvolle Innenhof aus dem Jahr 1607 gilt als eines der bedeutendsten Baudenkmäler der deutschen Kunstgeschichte (freitags bis sonntags geöffnet).
Vom Rathausplatz steigen wir auf der Burgstraße nach Norden zur Kaiserburg hinauf, dem Wahrzeichen Nürnbergs. Die staufische Burg wurde erstmals im Jahr 1050 als Königsgut urkundlich belegt. Die Anlage ist sehr

Am Hauptmarkt ist jeden Tag Markttag.

weitläufig mit Türmen, Kapellen, Wehrgängen, Gebäuden, Museum und Gärten. Das Kaiserburg-Museum zeigt die historische Rolle der Burg. Es werden verschiedene Führungen angeboten, unter anderem besondere Rundgänge für Kinder. Auf der Südseite der Burg kommen wir auf der Straße am Ölberg zum **Tiergärtnertor** aus dem 13. Jahrhundert. Der Platz füllt sich in der warmen Jahreszeit jeden Abend mit Menschen, die hier ihr Bier genießen. Vor dem Tor liegt der herrliche **Südliche Burggarten**, der in die **Bürgermeistergärten** übergeht. Zu dem Ensemble aus Fachwerkhäusern und Sandsteinbauten um das Tor gehört das **Albrecht-Dürer-Haus**, das 1420 erbaut wurde. 1509 kaufte der Maler und Grafiker der Renaissance das Haus, arbeitete dort und starb 1528 auch darin.

Tipp

Vom Tiergärtnertor gelangt man auf der Bergstraße auf der rechten Seite hinunter zum Nürnberger Altstadthof. Im Innenhof der Hausbrauerei wird nicht nur Rotbier ausgeschenkt. Darüber hinaus werden hier Führungen durch die historischen Felsengänge und durch die Altstadt angeboten. www.historische-felsengaenge.de

Weiter auf der Bergstraße und über den Albrecht-Dürer-Platz kommen wir zurück zur Sebalduskirche. Hinter der Kirche gehen wir nun vom Rathausplatz nach Süden zum **Hauptmarkt**, an dem der **Schöne Brunnen** und die **Frauenkirche** stehen. Der Brunnen ist ein Meisterwerk aus dem

12

14. Jahrhundert. Wer den goldenen Ring im Gitter dreimal dreht, darf sich etwas wünschen. Die Nürnberger drehen aber lieber am schwarzen Ring. An der Frauenkirche aus dem 14. Jahrhundert ist unter der Uhr täglich um 12 Uhr das **»Männleinlaufen«** zu sehen. Sieben Figuren, die Kurfürsten darstellen, huldigen Kaiser Karl IV., der die Kirche errichten ließ. Im Innern befinden sich bedeutende Kunstwerke von Albrecht Dürer, Adam Kraft und Michael Wolgemut. Von dessen Empore eröffnet das Christkind den weltbekannten Weihnachtsmarkt (www.christkindlesmarkt.de).

Übers Jahr findet auf dem Hauptmarkt täglich der Wochenmarkt statt. Hier und an anderen Stellen der Stadt gibt es für Hungrige »Drei im Weggla« – die berühmten Nürnberger Bratwürste in einem Brötchen. Am Hauptmarkt residieren auch zwei Lebkuchengeschäfte. Bei Wicklein oder in der Touristinformation können Lebküchner Workshops gebucht werden. Vom Hauptmarkt schlendern wir auf der Plobenhofstraße nach Süden und auf der Museumsbrücke über die Pegnitz. Von der Brücke zeigt sich das beliebte Fotomotiv des **Heilig-Geist-Spitals** in der Pegnitz. Auf der Königstraße geht es zur Lorenzkirche zurück.

Das Heilig-Geist-Spital steht in der Pegnitz.

12

NÜRNBERGER BRATWURSTGLÖCKLEIN Der Handwerkerhof ist eine mittelalterliche Hofanlage mit kleinen traditionellen Handwerksläden und Restaurants, u. a. dem urigen Nürnberger Bratwurstglöcklein. Hier gibt es die berühmten Nürnberger Bratwürste im 6er-, 8er-, 10er- oder 12er-Pack mit Sauerkraut. Waffenhof 5, www.nuernberg.de/internet/handwerkerhof

Neben den bereits genannten sind noch weitere Museen sehenswert, etwa das **Germanische Nationalmuseum** in der Kartäusergasse 1, für viele das wichtigste Museum in Nürnberg. In der **Kunsthalle** in der Lorenzer Straße 32 wird moderne Kunst gezeigt. Das **Kindermuseum** für kleine Entdecker ist in der Michael-Ende-Straße 17. Allein in Nürnberg gibt es 40 Museen. Für Spaß sorgt zudem der **Playmobil-FunPark** mit Goldmine, Go-Kart-Parcours, Ritterburg, Feenland, Paddelsee und anderen Attraktionen in Zirndorf in der Brandstätterstraße 2. Orte der Entspannung sind Nürnberger Grünanlagen wie die barocken **Hesperidengärten**, der **Stadtpark** mit Neptunbrunnen, die **Pegnitzauen**, der Park am **Dutzendteich** und andere Gärten. Das sind bei Weitem nicht alle Sehenswürdigkeiten Nürnbergs ... und doch schon zu viele für einen Tag.

Im mittelalterlichen Handwerkerhof am Frauentorturm

Kirchweihrummel vor dem Fürther Rathaus

KLEEBLATTSTADT FÜRTH

Die Stadt mit dem Kleeblatt im Wappen rivalisiert seit jeher mit Nürnberg. Doch Fürth fühlt sich mit seinen Traditionen eigenständig, wie das zum Beispiel mit der Fürther Straßenkirchweih in der Altstadt zum Ausdruck kommt. Ein Wohnmobilstellplatz findet sich an der Therme Fürthermare am Scherbsgraben 15 (www.fuerthermare.de).

Vom U-Bahnhof Rathaus beginnen wir einen Stadtrundgang auf der Königstraße nach Südosten und sind rechts um die Ecke auf der Brandenburger Straße vor dem klassizistischen Rathaus aus dem 19. Jahrhundert. Der Bau erinnert mit seinem 55 Meter hohen Turm an einen italienischen Palazzo. Die prunkvollen Treppenaufgänge können frei besichtigt werden. Die Besteigung des Turms kann in der Touristinformation gebucht werden. Im Rathaus sind auch das Kriminalmuseum und das Ludwig-Erhard-Zentrum untergebracht.

Vom Rathaus laufen wir vom U-Bahnhof in der Königstraße auf der kleinen Schindelgasse nach Nordosten zur Gustavstraße, die nach links mit vielen Cafés und Kneipen einen der schönsten Straßenzüge Fürths bildet. Unterwegs schauen wir links in den gemütlichen Kannegießerhof und rechts in den wunderschönen Pfarrhof. Die gotisch erscheinende Michaelskirche am Kirchenplatz geht auf eine Wehrkirche aus der Zeit um 1100 zurück. Am Ende der Gustavstraße ist links der Marktplatz (Grüner Markt) mit dem Gauklerbrunnen. Wer mag, schlendert vom Marktplatz nach Nor-

◀ Die mächtige Cadolzburg gibt ein imposantes Bild ab.
▶ Der Paulibrunnen steht am Marktplatz in Erlangen.

den durch die Grünanlagen zum Flussdreieck Fürth, denn die Stadt liegt zwischen Pegnitz und Rednitz. Ab der Vereinigung der Flüsse trägt das Gewässer den Namen Regnitz. Entlang der Pegnitz kann man übrigens mit dem Fahrrad nach sechs Kilometern das Zentrum von Nürnberg erreichen. Unterwegs sind der Rosengarten und der Stadtpark sehenswerte Anlaufpunkte. Nicht weit davon entfernt ist die Hornschuchpromenade, parallel dazu verläuft die Königswarterstraße. Die herrschaftlichen Häuser in den Prachtstraßen stammen aus der Belle Époque um die Wende vom 19. zum 20. Jahrhundert. Westlich von Fürth befindet sich die Cadolzburg, eine der mächtigsten Burganlagen Bayerns.

ERLANGEN

Das Herz Erlangens schlägt auf dem Schlossplatz und dem Marktplatz. Hier finden der tägliche Markt und viele Veranstaltungen statt. Unbedingt sehenswert sind der barocke Schlossgarten mit Kollegienhaus, die Orangerie und der Botanische Garten. Bei einem Tagesbesuch eignet sich für Wohnmobile ein Teil des Parkplatzes in der Parkplatzstraße.

Tipp

Bei Genießern ist Erlangen bekannt für die Bergkirchweih an Pfingsten. Das Volksfest findet auf den zahlreichen Bierkellern auf dem Burgberg statt. Einst hielten die Brauereien ihr Bier in den Sandstein-Stollen frisch. Heute sitzen die Gäste beim Kirchweihfest auf den 15 Kellern und genießen fränkisches Bier und andere Dinge. Nur der Entla's Keller hat in der warmen Jahreszeit außerhalb der Bergkirchweih geöffnet. www.erlanger-bergkirchweih.de

ENTDECKERTOUREN IM NÜRNBERGER LAND

Im 14. Jahrhundert führte unter Kaiser Karl IV. die Goldene Straße von Nürnberg nach Prag. Die Orte Lauf an der Pegnitz und Hersbruck wuchsen zu befestigten Städten mit kaiserlichen Privilegien heran und sind noch heute von dieser Zeit geprägt. Lauf wurde Münzprägestätte, und das sehenswerte Wenzelschloss wurde als Kaiserburg in die Pegnitz gebaut. Vor allem die Altstadt von Lauf ist sehr reizvoll. Wer halten möchte, findet in Lauf an der Briver Allee einen Park- und Wohnmobilstellplatz. Mindestens ebenso sehenswert ist die Altstadt von Hersbruck mit seinem Schloss Hersbruck. Hier parken Wohnmobile auf dem Plärrer an der Ostbahnstraße 9. Und wer mehr Zeit hat, sollte auch noch das historische Altdorf oder Neuhaus an der Pegnitz besuchen.

Heute locken verschiedenste Aktivitäten und Freizeitangebote sportlich ambitionierte Gäste und Naturfreunde in den einzigartigen Naturraum Nürnberger Land. Es ist eine märchenhafte Karstlandschaft mit Bergen, Burgen, Felsen und Höhlen. Über 2000 Kilometer markierte Wanderwege durch die herrliche Landschaft machen das Nürnberger Land zu einem Wanderparadies. Auf der Pegnitz sind auch Paddelboote unterwegs, die gemietet werden können.

◀ Im Schloss Hersbruck tagt heute das Amtsgericht. ▶ Im romantischen Pegnitztal

AUF EINEN BLICK

Info

STADT/REGION: Nürnberg, Fürth, Erlangen, Nürnberger Land
BESTE REISEZEIT: ganzjährig
OPTIMALE REISEDAUER: 2–3 Tage
TOURISTINFO: Hauptmarkt 18, 90403 Nürnberg, Tel. 0911/233 60, info@ctz-nuernberg.de, www.tourismus.nuernberg.de

SEHENSWÜRDIGKEITEN

MUSEEN NÜRNBERG: www.deutsches-museum.de/nuernberg, www.museen.nuernberg.de/spielzeugmuseum, www.nuernberger-bratwuerste.de, www.henkerhaus-nuernberg.de, www.museen.nuernberg.de/lochgefaengnisse, www.museen.nuernberg.de/duererhaus, www.gnm.de, www.kindermuseum-nuernberg.de
SEBALDUSKIRCHE NÜRNBERG: www.sebalduskirche.de/turmfuehrungen
KAISERBURG NÜRNBERG: www.kaiserburg-nuernberg.de
PLAYMOBIL-FUNPARK ZIRNDORF: www.playmobil-funpark.de
MUSEEN FÜRTH: www.kriminalmuseum-fuerth.de, www.ludwig-erhard-zentrum.de
SCHLOSSPLATZ UND SCHLOSSGARTEN ERLANGEN: Schlossplatz 7, www.erlangen.info, www.botanischer-garten.fau.de

KNAUS CAMPINGPARK NÜRNBERG

ADRESSE: Hans-Kalb-Straße 56, 90471 Nürnberg, Tel. 0911/981 27 17, nuernberg@knauscamp.de, www.knauscamp.de
ANFAHRT: Auf der A6 Ausfahrt 59 Nürnberg-Langwasser und auf der Gleiwitzer Straße zum Campingplatz.
GPS: 49°25’23.5”N, 11°07’17.4”E
Der ganzjährig geöffnete Platz liegt in einem Waldgelände im Volkspark Dutzendteich. Die Stellplätze sind mit Stromanschlüssen ausgestattet. Die Sanitärgebäude umfassen Ver- und Entsorgung, WC und Dusche. In der Städteregion Nürnberg gibt es 15 Wohnmobilstellplätze (tourismus.nuernberg.de/informieren/anreise/per-wohnmobil).

Außerhalb von Velden gibt es einen Stellplatz für Wohnmobile.

STELLPLATZ FACKELMANN THERME

ADRESSE: Badstraße 16 a, 91217 Hersbruck, Tel. 09151/839 30, info@fackelmanntherme.de, www.fackelmanntherme.de

ANFAHRT: Auf der A9 Ausfahrt 49 Lauf/Hersbruck und auf der B14 nach Hersbruck.

GPS: 49°30'41.5"N, 11°26'33.5"E

Der ganzjährig geöffnete Platz auf Betonpflaster unter Bäumen ist mit Stromanschlüssen und Ver- und Entsorgungseinrichtung ausgestattet. In einem Kilometer Entfernung ist die sehenswerte Altstadt von Hersbruck mit Geschäften und Gasthäusern. Es gibt vielfältige Möglichkeiten für Radausflüge und Wanderungen zum Beispiel zur 10 Kilometer entfernten Festung Rothenberg oder Burg Hohenstein.

STELLPLATZ VELDEN

ADRESSE: Toni-Wolf-Platz 1, 91235 Velden
Tel. 0152/72 20, info@vg-velden.de, www.markt-velden.de

ANFAHRT: Auf der A9 Ausfahrt 9 Plech und auf der St2163 nach Velden.

GPS: 49°37'04.1"N, 11°30'47.9"E

Der ganzjährig geöffnete Platz (außer Mitte Juni) auf Kies ohne Schatten ist mit Stromanschlüssen und Ver- und Entsorgungseinrichtung ausgestattet. In das Ortszentrum ist es 600 Meter weit.
Velden liegt im Naturpark Fränkische Schweiz – Frankenjura im romantischen Pegnitztal und bietet Wanderwege zu Naturschönheiten und Paddelspaß auf dem Fluss (www.befree-franken.de).

ANSBACH & FRANKENHÖHE

Historische Kleinode

In Wolframs-Eschenbach leben noch einige Störche.

13

Die Markgräfliche Residenzstadt Ansbach blickt auf 1250 Jahre bewegter Geschichte zurück. Historische Sehenswürdigkeiten und Schätze wie die prächtige Residenz und die Orangerie zeugen von der glanzvollen Vergangenheit. Im pittoresken Wolframs-Eschenbach dichtete Wolfram im 13. Jahrhundert seinen Minnesang.

Ansbach liegt an der Burgenstraße und grenzt an den waldreichen Naturpark Frankenhöhe. Durch seinen Reichtum an historischen Sehenswürdigkeiten sticht Ansbach unter den Städten Frankens hervor. Wiesen, Wälder und Felder zeichnen die harmonische Kulturlandschaft rund um Ansbach aus. Der Naturpark Frankenhöhe ist eines der sonnenreichsten Gebiete in Süddeutschland. Ruhige Wege durch sanfte Hügel und besinnliche Täler eignen sich vorzüglich für Wanderungen, Spaziergänge und Radtouren.

RESIDENZSTADT ANSBACH

Im 15. Jahrhundert machten die Hohenzollern Ansbach zur Residenzstadt und regierten von dort aus 500 Jahre lang. Unter dem Markgrafen, Carl Wilhelm Friedrich, erreichte die Stadt im 17. Jahrhundert ihren barocken Höhepunkt. Bürgerhäuser und Gästepalais im Stil des Ansbacher Rokoko zeigen die repräsentative Stellung der Stadt zu jener Zeit. Jeden Sommer lebt bei den Ansbacher Rokoko-Festspielen der Charme und die Noblesse der Markgrafenzeit wieder auf.

Vom Wohnmobilstellplatz kommend, gelangen wir über die Würzburger Straße zur Ansbacher Altstadt und laufen auf dem Martin-Luther-Platz geradeaus weiter zur Kirche Sankt Johanni, die aus dem 15. Jahrhundert stammt. In der Schaitbergerstraße befindet sich das Markgrafenmuseum mit Ausstellungen zur Markgrafenzeit und zum Leben des legendären Kaspar Hauser.

Tipp

Der verwahrloste Jüngling Kaspar Hauser lebte in Ansbach. 1833 wurde er auf ungeklärte Weise ermordet oder, wie eine andere Theorie besagt, hat sich selbst umgebracht. Bis heute ist seine Herkunft trotz Genanalyse mysteriös. Zumindest gibt es Denkmäler und einen Gedenkstein mit der Aufschrift: »Hier wurde ein Geheimnisvoller geheimnisvollerweise getötet.«

13

In der Schaitbergerstraße kann man auch das **Schnaitberger Tor** in der Stadtbefestigung besichtigen. Am Ende des Martin-Luther-Platzes findet vor dem **Stadthaus** aus dem 16. Jahrhundert mit Touristinformation mittwochs und samstags der Wochenmarkt statt. Überall gibt es noch die verwinkelten kleinen Gässchen und die versteckten Innenhöfe.
Hinter dem Stadthaus steht die schlichte **Gumbertuskirche**, die aber eine riesige und prachtvolle Orgel beherbergt. Die Kirche gründet auf einer Klosterkirche aus dem 8. Jahrhundert. An der Ostseite steht die spätgotische **Schwanenritterkapelle**, unter der sich eine romanische Krypta befindet. Am Gumbertusplatz hinter der Kapelle ist der Innenhof des **Beringershofs** sehenswert, da er im Stil mittelalterlicher Klostergärten gestaltet ist.
Auf dem Johann-Sebastian-Bach-Platz laufen wir weiter nach Osten zur Vorderseite der **Markgräflichen Residenz** aus dem 18. Jahrhundert. Für deren heutiges Erscheinungsbild im Stil des Ansbacher Rokokos ist der Schweizer Baumeister Gabriel de Gabrieli verantwortlich. Zu den Attraktionen der Residenz zählen der doppelgeschossige Festsaal, das Spiegelkabinett mit einer Sammlung Meissner Porzellane, der Kachelsaal und die Sammlung Ansbacher Fayencen und Porzellane. An der Promenade neben der Residenz steht der moderne **Brunnen Ansbacchantin** mit der

◀ Das eindrucksvolle Verwaltungsgericht ▶ Heilkräuter im Leonhart-Fuchs-Garten

Der Ansbacher Hofgarten ist eine wahre Oase.

Skulptur Anscavallo, die an das Dragoner Regiment erinnert. Gegenüber dem Theater können wir rechts in den **Leonhart-Fuchs-Garten** gehen, in dem Heilkräuter angepflanzt werden. Dahinter schließt sich der **Hofgarten** im französisch-barocken Stil an. Den Mittelpunkt bildet der Gartenteil vor der feierlichen **Orangerie**. Der Hofgarten und die Orangerie bilden die Kulissen der Ansbacher Rokoko-Festspiele und der Ansbacher Bachwochen. Den Hofgarten verlassen wir in der Mitte nach Westen und laufen auf der Karolinenstraße zum hübschen **Karlsplatz** weiter. Dort geht es rechts in die Karlstraße und auf der Promenade links zum achteckigen **Herrieder Tor**. Der 47 Meter hohe Bau aus dem 18. Jahrhundert ist das Ansbacher Wahrzeichen. Durch das Tor kommen wir auf der Uzstraße wieder zur Touristinformation.

ANSBACHER KARPFEN-RADWEG Die Rundtour ist 34 Kilometer lang und führt an Weihern bei Leutershausen, am Wasserschloss Rammersdorf, am romantischen Scheerweiher und an der Festungsanlage Lichtenau vorbei. Die Fränkische Rezat begleitet abschnittsweise den Weg. www.ansbach.de/Freizeit-Gäste

Das Untere Tor im kleinen Städtchen Wolframs-Eschenbach

WOLFRAMS-ESCHENBACH

Das kleine, ursprüngliche Städtchen südwestlich von Ansbach ist bei einem Spaziergang schnell erkundet. Es bildet in etwa ein Dreieck von nur 300 Meter Seitenlänge. Dennoch ist es von starken mittelalterlichen **Wehrmauern** mit vier Türmen umfasst, von denen zwei Stadttore sind. Daher erweist sich auch ein Rundgang um die Stadt als ergiebig.

Die Hauptstraße ist von Fachwerkhäusern und behäbigen Steinhäusern, die bis zum 15. Jahrhundert zurückgehen, gesäumt. Auf dem Marktplatz steht das alte **Rathaus**, und gleich gegenüber befindet sich das Denkmal für den berühmtesten Sohn der Stadt: Wolfram von Eschenbach. Er lebte und dichtete Anfang des 13. Jahrhunderts in der Stadt und wurde 1917 sogar zu ihrem Namensstifter. Im alten Rathaus ist das **Museum Wolfram Eschenbach** untergebracht, das einen Einblick in das Leben und Werk des großen Mannes der mittelhochdeutschen Dichtkunst gibt.

Hinter dem Museum ragt der 63 Meter hohe Turm des **Liebfrauenmünsters** empor. Die Hallenkirche aus dem 13. Jahrhundert mit romanischen und frühgotischen Elementen steht auf den Grundmauern früherer Kirchen. Der Ritterorden errichtete das gotische Münster, in dem sich auch die Grablege Wolframs befindet. Vor der Stadtmauer im Osten gibt es einen **Ritterspielplatz**, was besonders Kindern gefallen wird.

13

HERRIEDEN

Südöstlich von Ansbach liegt das idyllische Städtchen Herrieden, das eine fast vollständig erhaltene Stadtmauer aufweisen kann. Die reizvolle Landschaft entlang der Altmühl lädt ein, sich zu erholen und an der frischen Luft zu bewegen. Bereits im Jahr 782 wurde hier ein Benediktinerkloster gegründet. Erster Abt war Deocar, der während der Christianisierung eine wichtige Rolle spielte.

An der Handelsstraße von Donauwörth nach Fürth gelegen, wurde Herrieden 1238 zur Stadt erhoben und gehört damit zu den ältesten Städten Frankens. Eine der schönsten Ansichten findet sich im Süden an der steinernen **Altmühlbrücke** zum Storchenturm. 836 existierte hier schon eine Brücke, der älteste urkundliche Nachweis eines Brückenbaus in Mittelfranken. Der heutige Übergang stammt aus dem Jahr 1711. Der mittelalterliche **Storchenturm** war Teil der ehemaligen Stadtbefestigung; auf ihm brüten auch heute noch Störche.

In der Buchhandlung Decima am Deocarplatz 10 ist die Touristinformation untergebracht. Auf dem Marktplatz im Herzen der Stadt dominiert die doppeltürmige **Stiftsbasilika Sankt Veit** die Szenerie. Sie wurde im Jahr 1071 geweiht und 1533 im spätgotischen Stil erweitert. Der Kunstschatz der barocken **Holzdecke** ist aus dem Jahr 1705. Die barocke Ausstattung

Landschaft bei Herrieden

13

von Gabriel de Gabrieli stammt aus der Mitte des 18. Jahrhunderts. Der Brunnen auf dem Marktplatz ist dem Abt Deocar gewidmet. Das Gebäude der Stadtbücherei nördlich der Kirche (Herrnhof 2) wurde um 1492 als **Amtssitz des Stiftspropstes** errichtet. Die Straße nach Norden führt zum **Stadtschloss**, an dessen Stelle schon im 8. Jahrhundert eine Burg stand.

FESTUNG LICHTENAU Im Osten von Ansbach steht die imposante Renaissanceburg Lichtenau. Die Reichsstadt Nürnberg errichtete sie 1406 als Vorposten gegen die Markgrafen von Ansbach. Eine Besichtigung der starken Wallanlagen mit Ecktürmen ist ein guter Zwischenstopp. Der einen Kilometer lange Rundweg um die Burg »Der Nürnberger Stachel im Fleisch der Ansbacher Markgrafen« gibt Einblick in die Geschichte.

HEILSBRONN

Die Stadt Heilsbronn mit reicher Kultur und gutem Freizeitangebot, darunter zehn Rundwanderwege und der Fränkische Karpfen-Radweg, ist ein lohnenswertes Ausflugsziel. Das 900 Jahre alte **Münster** gilt als eine der ältesten Klosterkirchen der Zisterzienser im deutschen Kulturraum. Das Gotteshaus beherbergt Kunstschätze von Albrecht Dürer, Adam Kraft und Michael Wolgemut. Auf dem Münsterplatz steht ein kleines Fachwerkgebäude über der »Heilquelle«, die sich aber nicht als solche erwiesen hat.

◀ Die Renaissance-Festung Lichtenau ▶ Das romanische Münster in Heilsbronn

Das Refektorium des Klosters in Heilsbronn wurde 1263 erbaut.

Genauso wenig ist der Name der Stadt auf einer Heilquelle begründet. Vielmehr war dies im 12. Jahrhundert die Siedlung eines Mannes namens Hahold an einem Brunnen. Das Gebäude östlich des Brunnens war das einstige **Refektorium**, also das Speisehaus der Mönche, das um 1240 im spätromanischen Stil erbaut wurde. Östlich des Münsters steht in der Mühlgasse 9 noch die **Klostermühle**, die 1336 erstmals erwähnt wurde. Vor dem Münster ist im Konventsgebäude das **Museum »Vom Kloster zur Stadt«** untergebracht. Dargestellt werden die Geschichte des Klosters sowie die Entwicklung der Stadt. Gegenüber dem Museum führt eine kleine Gasse zur interessanten **Spitalkapelle** aus dem 13. Jahrhundert, an der der Übergang von der Romanik zur Gotik erkennbar ist. Das Fachwerkgeschoss wurde nach der Profanisierung 1708 anstelle des früheren Daches aufgesetzt. Am nahen Marktplatz sind der ehemalige **Marstall** (Nummer 15) und das breite **Klosteramts-Verwalterhaus** (Nummer 13) zu sehen. Südwestlich vom Marktplatz steht auf dem Lindenplatz der **Gasthof Adler**, dessen Fachwerkaufbau aus der Zeit um 1680 stammt. Wegen des Erdgeschosses aus Stein wurde das Haus schon immer Steinhof genannt. Südlich des Marktplatzes steht der massive **Katharinenturm**, der Ende des 18. Jahrhunderts auf den Mauern einer Kapelle erbaut wurde. Unter dem Dach wohnte einst der Türmer. Auch im Umland von Heilsbronn gibt es Idyllische Gasthöfe und Biergärten zu entdecken.

AUF EINEN BLICK

Info

STADT/REGION: Ansbach, Frankenhöhe
BESTE REISEZEIT: April bis Oktober
OPTIMALE REISEDAUER: 2–3 Tage
TOURISTINFO: Johann-Sebastian-Bach-Platz 1, 91522 Ansbach, Tel. 0981/512 43, pr@ansbach.de, www.ansbach.de

SEHENSWÜRDIGKEITEN

RESIDENZ ANSBACH: Promenade 27, www.museen.de/residenz-ansbach.html
ORANGERIE UND HOFGARTEN ANSBACH: Promenade 33, www.orangerie-ansbach.de
MUSEUM WOLFRAM ESCHENBACH: www.wolframs-eschenbach.de
MUSEUM HEILSBRONN: www.museum-heilsbronn.de

STELLPLATZ AQUELLA

ADRESSE: Am Stadion 2, 91522 Ansbach, Tel. 0981/512 43, pr@ansbach.de, www.ansbach.de
ANFAHRT: Auf der A6 Ausfahrt 52 Ansbach und auf der B13 nach Ansbach.
GPS: 49°18'16.0"N, 10°33'30.3"E
Der ganzjährig nutzbare Platz liegt im Westen der Stadt. Die teilweise beschatteten Stellplätze auf Betonpflaster sind mit Stromanschlüssen ausgestattet. Am Platz ist eine Ver- und Entsorgungsstation, davor eine Bushaltestelle und das Wellenbad Aquella. Die Altstadt ist einen, der Hofgarten zwei Kilometer entfernt. Eine Wanderung oder Radtour zum Aussichtspunkt Lehrberger Kappl ist sieben Kilometer, das historische Herrieden elf Kilometer weit. Von Ansbach aus sind zehn Rundwanderwege unterschiedlicher Länge ausgewiesen.

STELLPLATZ MÜNSTERBLICK

ADRESSE: Waizendorfer Straße, 91639 Wolframs-Eschenbach, Tel. 09875/97 55 0, info@wolframs-eschenbach.de, www.wolframs-eschenbach.de

Der Campingplatz Frankenhöhe liegt in der Nähe eines Badesees.

ANFAHRT: Auf der A6 Ausfahrt 53 Lichtenau und auf der St2223 nach Wolframs-Eschenbach.

GPS: 49°13'30.5"N, 10°43'10.2"E

Der ganzjährig geöffnete Platz befindet sich westlich der Stadt. Die wenig beschatteten Stellplätze auf Betonpflaster sind mit Stromanschlüssen ausgestattet. Das Sanitärgebäude umfasst WC und Dusche. Am Platz ist eine Ver- und Entsorgungsstation. In das historische Zentrum mit Restaurants und Geschäften sind es 500 Meter. Eine Wanderung oder Radtour zur Festung Lichtenau ist acht Kilometer weit.

CAMPINGPLATZ FRANKENHÖHE

ADRESSE: Fischhaus 2, 91583 Schillingsfürst, Tel. 09868/51 11, info@campingplatz-frankenhoehe.de, www.campingplatz-frankenhoehe.de

GPS: 49°16'24.8"N, 10°15'56.3"E

Der Platz in einem Wald bei Schillingsfürst ist in westlicher Richtung 26 Kilometer von Ansbach entfernt. Die Anfahrt und weitere Einzelheiten sind im nächsten Kapitel (s. Seite 153) beschrieben.

AN DER ROMANTISCHEN STRASSE

Zauber des Mittelalters

Der Bäuerlinsturm in Dinkelsbühl steht direkt an der Wörnitz.

14

Das verträumte Franken an der Romantischen Straße ist die größte und wohl auch bekannteste fränkische Ferienregion. Die viel besuchten Städtchen Rothenburg ob der Tauber, Feuchtwangen und Dinkelsbühl begeistern mit mittelalterlichem Zauber. Auf der Ferienstraße finden Reisende Natur, Kultur und Gastlichkeit.

Die historischen Städte an der Romantischen Straße ermöglichen eine Reise zurück in die Vergangenheit. Die mittelalterlichen Gassen mit wunderbaren Fachwerkensembles und Marktplätze mit reichen Häusern aus vergangenen Jahrhunderten sind von eindrucksvollen Stadtmauern umgeben. Weltberühmte Künstler des Mittelalters haben in den Kirchen, Klöstern und Museen ihre Spuren hinterlassen. Kein Wunder, wenn Reisende aus aller Welt auf ausgetretenen Wegen das mittelalterliche Europa sehen wollen.

ROTHENBURG OB DER TAUBER

Auf einem Hügel über dem idyllischen Taubertal liegt die Stadt Rothenburg ob der Tauber. Sie ist in besonders gutem Zustand erhalten, wenn auch vieles wiederaufgebaut wurde. Ein empfehlenswerter Rundgang zu den wichtigsten Sehenswürdigkeiten entlang der Zeitschiene der Geschichte beginnt im Süden am Spitaltor, in dessen Nähe der Stellplatz P 2 ist. Die wehrhafte Bastion stammt aus dem 16. Jahrhundert und ist damit der jüngste Teil der Stadtbefestigung. Der quadratische Spitaltorturm wurde im 14. Jahrhundert erbaut und gehört zu einer früheren Stadtbefestigung. Wir sind hier im langen Spitalviertel.

Nach dem ersten Haus geht es links in den Spitalhof mit Hegereiterhaus und langer Reichsstadthalle. Hier stand im 13. Jahrhundert das Spital der Stadt; das Hegereiterhaus war dessen Küche. Die Reichsstadthalle wurde im 17. Jahrhundert als Zehntscheune erbaut und dient heute als Veranstaltungshaus. Der Renaissancebau mit Fachwerk-Obergeschoss im Süden des Ensembles war im 16. Jahrhundert der Neubau des Spitals. Im heutigen Spitalhof wurde um 1080 eine zweite Burganlage errichtet, von der aus sich die Stadt entwickelte. Von der Befestigung der Burg sind große Teile der Ringmauer und das überbaute Südtor erhalten.

Vom Amphitheater im Spitalhof wandern wir außerhalb der Stadtmauer an Wehrtürmen vorbei nach Norden. Auf der Kobolzeller Steige geht

14

es aufwärts zum Zentrum des **Stadtviertels Plönlein**. Der Blick auf das schiefe Fachwerkhaus mit zwei Tortürmen im Hintergrund ist das Wahrzeichen Rothenburgs. Der **Siebersturm** auf der linken Seite war wie der Kobolzeller Turm im 14. Jahrhundert Teil der Stadtbefestigung. Auf der Unteren Schmiedgasse laufen wir nach Norden. In der Burggasse ist hinter der Kirche Sankt Johannis das **Mittelalterliche Kriminalmuseum** – die Folterwerkzeuge sind nichts für sanfte Gemüter. Entlang der Burggasse gelangt man durch das **Burgtor** in den hübschen **Burggarten**. Die einstige Stauferburg, die im Jahr 960 erwähnt wurde, existiert nicht mehr, aber die Aussichtspunkte sind es wert, dort hinzugehen. Entlang der Tauber fliegt der Blick zum Ortsteil Detwang und im Süden zu den Mauern des Spitalgartens.

PANORAMAWEG IM TAUBERTAL Vom Burgtor im oberen Burggarten führt die kurze Steige in das Taubertal nach Detwang hinab. Der wunderbare Altaraufsatz in der uralten Kirche Sankt Peter und Paul stammt aus der Werkstatt Tilman Riemenschneiders. Auf der anderen Seite der Tauber geht es flussaufwärts nach Süden zum hübschen Topplerschlösschen, einem Wohnturm aus dem Jahr 1388. Über die Doppelbrücke kommt man auf dem sieben Kilometer langen Panoramaweg wieder hinauf zum Burgtor.

Panorama von Rothenburg ob der Tauber

Blick zum Spitaltorturm mit der Spitalkirche

Vom Burgtor gehen wir auf der Herrngasse nach Osten an der Franziskanerkirche vorbei, die 1309 geweiht wurde. Ihr größter Kunstschatz ist der Franziskusaltar, ein Frühwerk von Tilman Riemenschneider. Anschließend geht es zum großen Renaissance-Rathaus am Marktplatz. Dessen Turm kann bestiegen werden, und von oben weitet sich ein wunderbarer Blick über die Stadt. Am Marktplatz ist in der ehemaligen Ratstrinkstube die Touristinformation untergebracht.

Vom Marktplatz über den Grünen Markt nach Norden führt der Weg zur gotischen Kirche Sankt Jakob aus dem 15. Jahrhundert. Die farbigen Fenster sind 600 Jahre alt. Der Heilig-Blut-Altar und der Ludwig-von-Toulouse-Altar sind von Tilman Riemenschneider. Weiter nordwestlich ist das RothenburgMuseum im ehemaligen Dominikanerinnenkloster aus dem Jahr 1258. Besucher können einen Blick in die Stadtgeschichte Rothenburgs werfen. Auch Sammlungen von Rothenburger Kunst und Kultur sind dort ausgestellt. Schlendern wir vom Marktplatz in der Hafengasse nach Osten, kommen wir zum Markusturm mit dem Storchennest, der im 13. Jahrhundert Teil der ersten Stadtmauer war. Die weitgehend erhaltene Stadtmauer mit überdachtem Wehrgang besitzt viele Torhäuser und Türme.

Das Rathaus in Schillingsfürst ist ein romantisches Dornröschenschloss.

Tipp

Der Rothenburger Turmweg leitet vom Röderturm vier Kilometer um die Altstadt. Auf Informationstafeln wird die Geschichte Rothenburgs anhand seiner Türme beschrieben. Die Stadt besitzt 42, die vom Turmweg aus fast alle gesehen werden können. Dabei bietet der Röderturm einen einzigartigen Blick auf die Altstadt. Zum Turmweg gibt es eine Broschüre.

BAROCKSCHLOSS SCHILLINGSFÜRST Auf der Romantischen Straße nach Süden geht es über die Frankenhöhe an der Stadt Schillingsfürst vorbei. Das Barockschloss über dem Ort ist das weithin sichtbare Wahrzeichen. Die Museumsräume und Parkanlagen erinnern an die Glanzzeiten einer fürstlichen Residenz der Fürsten zu Hohenlohe-Schillingsfürst. Am Wall 14, 91583 Schillingsfürst, www.schloss-schillingsfuerst.de

FEUCHTWANGEN

Aus seiner 1200-jährigen Geschichte haben sich in Feuchtwangen viele architektonische Zeugnisse der einstigen Reichsstadt erhalten. Am Marktplatz steht ein ansehnliches Ensemble aus altfränkischen Fachwerksbauten. Die Schranne war im späten Mittelalter der Kornspeicher der Stadt. An der Westseite des Marktplatzes stand im 12. Jahrhundert ein Kloster, von dem der berühmte romanische Kreuzgang und die Stiftskirche erhalten sind. Den Marienaltar in der ursprünglich romanischen Kirche schuf Michael Wohlgemut, Albrecht Dürers Lehrer. Die nebenstehende Johanniskirche verdient wegen Bemalungen der Gewölbe über dem Chor ebenfalls einen Besuch. Der lange Fachwerkbau hinter der Kirche ist die Stadthalle und war der frühere Getreidekasten. Am Ende der vom Marktplatz ausgehenden Hindenburgstraße ist als letzter Torturm noch das Obere Tor erhalten. Das erwähnenswerte Fränkische Museum in der Museumsstraße befasst sich mit dem Thema »Leben und Wohnen in den kleinen Städten Frankens«.

DINKELSBÜHL

An der Romantischen Straße ist Dinkelsbühl zweifellos eine der schönsten Städte. Die Stadtbild der ehemaligen Reichsstadt hat sich seit 400 Jahren fast nicht verändert. Vom Stellplatz auf dem Parkplatz P 5 kommt man auf der Larrieder Straße zum Rothenburger Tor aus dem 14. Jahrhundert. Die vorgebaute Bastion wurde im 16. Jahrhundert hinzugefügt. Ein Spaziergang rund um die Stadtmauer führt an 18 Türmen, Toren und Gebäuden vorbei, die mit der Stadtmauer die einstige Befestigung bildeten.

Die Stadtmauer um Dinkelsbühl ist weitgehend erhalten.

14

Doch jetzt konzentrieren wir uns auf den Stadtrundgang durch die Dinkelsbühler Altstadt. Durch die Dr.-Martin-Luther-Straße, vorbei am ehemaligen Spital Zum Heiligen Geist, kommen wir zum **Weinmarkt** mit prächtigen Giebelhäusern, die meisten um 1600 erbaut. Am **Marktplatz** gibt es in der Touristinformation je ein Faltblatt für den Stadtrundgang und für den Rundgang Türme und Tore.

Auf dem Platz findet jeden Mittwoch und Samstag ein Bauernmarkt statt. Mit dem Bau des **Münsters Sankt Georg** wurde bereits 1220 begonnen, in der Zeit der Gotik wurde es vollendet. Der Turm der Kirche kann bestiegen werden und bietet einen wunderbaren Ausblick über die Dächer der Stadt. Hinter dem Münster befindet sich außerdem das **Haus der Geschichte**, das als Rathaus bereits im Jahr 1361 stand. Das Museum erzählt vor allem von den Menschen, von ihrem Glück und Unglück in Zeiten von Krieg und Frieden.

Es sind nur noch ein paar Schritte nach Osten zum **Wörnitztor**, dessen Sockel aus staufischer Zeit stammt. Sehenswert sind auch das **Nördlinger**

Das Dinkelsbühler Münster Sankt Georg geht auf das Jahr 1220 zurück.

Herbststimmung am Segringer Tor

Tor ganz im Süden der Stadt und das Segringer Tor im Westen. Natürlich ist da noch der Bäuerlinsturm im Südosten an der Wörnitz. Mit seinem Fachwerkaufbau ist er das Wahrzeichen von Dinkelsbühl. Ein Spaziergang im Stadtgraben um die Stadtmauer offenbart so manche Überraschung, etwa den Arche-Noah-Garten der Sinne oder den Mauergeist. Seit 125 Jahren wird in Dinkelsbühl das Festspiel der Kinderzeche gefeiert. Es geht auf den Dreißigjährigen Krieg zurück. Im Kinderzech-Zeughaus in der Bauhofstraße werden die Kostüme der Akteure aufbewahrt und können besichtigt werden. Dinkelsbühl ist mit allen Einzelheiten eine Gesamtattraktion.

Tipp

Apropos Kinder: Vorwiegend für Kleinkinder und Kinder etwa bis 14 Jahre ist das Funtasia Kinderland Dinkelsbühl wie geschaffen. Spiel, Spaß und Action in der Spielewelt und auf der Go-Kart-Bahn sind garantiert. Ellwanger Straße 21, 91550 Dinkelsbühl, Tel. 09851/589 26 50, www.funtasia-dkb.de

AUF EINEN BLICK

Info

STADT/REGION: Städtchen an der Romantischen Straße
BESTE REISEZEIT: April bis Oktober
OPTIMALE REISEDAUER: 2–3 Tage
TOURISTINFO: Marktplatz 2, 91541 Rothenburg ob der Tauber, Tel. 09861/40 48 00, info@rothenburg.de, www.rothenburg-tourismus.de

SEHENSWÜRDIGKEITEN

ROMANTISCHES TAUBERTAL: www.liebliches-taubertal.de
MITTELALTERLICHES KRIMINALMUSEUM ROTHENBURG: www.kriminalmuseum.eu
FRÄNKISCHES MUSEUM FEUCHTWANGEN: www.fraenkisches-museum.de
HAUS DER GESCHICHTE DINKELSBÜHL: www.hausdergeschichte-dinkelsbuehl.de
KINDERZECH-ZEUGHAUS DINKELSBÜHL: www.kinderzech-zeughaus.de

STELLPLATZ ROTHENBURG P 2

ADRESSE: Nördlinger Straße, 91541 Rothenburg ob der Tauber, Tel. 09861/40 48 00, info@rothenburg.de, www.rothenburg-tourismus.de
ANFAHRT: Auf der A7 Ausfahrt 108 Rothenburg und auf der St2250 nach Rothenburg.
GPS: 49°22'13.2"N, 10°11'00.3"E

Der teilweise schattige und befestigte Platz ist ganzjährig nutzbar. Es sind Stromanschlüsse, Ver- und Entsorgungseinrichtung sowie Toiletten vorhanden. Zur historischen Altstadt von Rothenburg sind es 300 Meter. Für Aktive sind rund um die Stadt insgesamt 13 Wanderwege angelegt, auch einige Radwege wie der Taubertal-Radweg kreuzen sich in der Stadt.

Einen weiteren Stellplatz gibt es auf dem Parkplatz P 3 an der Schweinsdorfer Straße, zwei weitere Campingplätze im Ortsteil Detwang (www.camping-tauberromantik.de, www.rothenburg.de/tauber-idyll).

Der Stellplatz Rothenburg ob der Tauber ist nahe dem Spitaltor.

CAMPINGPLATZ FRANKENHÖHE

ADRESSE: Fischhaus 2, 91583 Schillingsfürst, Tel. 09868/51 11, info@campingplatz-frankenhoehe.de, www.campingplatz-frankenhoehe.de

ANFAHRT: Auf der A7 Ausfahrt 109 Wörnitz und auf der St2246 nach Fischhaus.

GPS: 49°16'24.8"N, 10°15'56.3"E

Der ganzjährig geöffnete Platz an einem Weiher im Wald bietet Stromanschlüsse, Ver- und Entsorgungseinrichtung, Waschräume mit warmen Duschen und WC. Kiosk und Waschsalon sind auch vorhanden. Geschäfte und Gasthäuser sind 1,5 Kilometer entfernt. Der Platz liegt zentral im fränkischen Teil der Romantischen Straße.

STELLPLATZ P 5 DINKELSBÜHL

ADRESSE: Larrieder Straße, 91550 Dinkelsbühl, Tel. 09851/90 24 10, touristik.service@dinkelsbuehl.de, www.tourismus-dinkelsbuehl.de

ANFAHRT: Auf der A7 Ausfahrt 112 Dinkelsbühl und auf der St2218 nach Dinkelsbühl.

GPS: 49°04'28.3"N, 10°19'16.1"E

Der schattenlose befestigte Stellplatz ist mit Stromanschlüssen und Ver- und Entsorgungseinrichtung ausgestattet. Zur historischen Altstadt mit Geschäften und Gasthäusern sind es 400 Meter.

An der Kobeltsmühle, zwei Kilometer nordöstlich, gibt es noch den Campingplatz SeeCamp (www.dinkelsbuehl-camping.de).

IM FRÄNKISCHEN SEENLAND

Alte Badekultur und neue Ferienregion

Der Kleine Brombachsee bietet viele Freizeitmöglichkeiten.

15

Ganze sieben Seen im Fränkischen Seenland bringen Badespaß und Erholung zusammen. Die Geschichte hinterließ im Naturpark Altmühltal und im Seenland Zeugnisse der römischen Kultur am Limes und Bauwerke Karls des Großen. In der Römerstadt Weißenburg stehen die bedeutenden Reste römischer Badekultur, des Limeskastells und mittelalterliche Bauten.

Die Freizeitlandschaft des Neuen Fränkischen Seengebietes ist eine künstliche Welt. Durch die Aufstauung und Überleitung der reichen Wasservorkommen sollte Nordbayern seinen nassen Anteil bekommen. Aus dem Nichts entstand so eine beliebte Ferienregion für Wasserratten und Badenixen. Hinzu kommen malerische Städtchen mit großer Geschichte und eine gute Infrastruktur für Camper, Wanderer und Radfahrer.

ABSBERG AN DEN BROMBACHSEEN

Die liebenswerte Gemeinde liegt im Herzen der Fränkischen Seenlandschaft mit traumhafter Aussicht über den Kleinen Brombachsee. 1726 entstand das heutige Barockschloss Absberg an Stelle der bereits abgebrochenen Burg des Absberger Adelsgeschlechts. Mit der Entwicklung des Tourismus hat sich auch eine gute Gastronomie eingestellt. Die Attraktion für Urlauber sind natürlich die Seen mit Badestränden, Wassersportmöglichkeiten und Terrassencafés am Ufer. Das Glanzstück ist das 600 Passagiere fassende Erlebnisschiff »MS Brombachsee« auf dem Großen Brombachsee. Der Trimaran ist in seiner Konstruktion einmalig, und die Gäste genießen bei einer Tasse Kaffee die Rundfahrt mit Blick auf die lieblichen Ufer.

ZUM SCHNITTLINGER LOCH Im Spalter Hügelland zählt das Schnittlinger Loch zu den beliebtesten Wanderzielen der Region. Die wildromantische Schlucht entstand durch Auswaschungen des oberen Burgsandsteins. So sind Halbhöhlen und Felsabstürze mit einer Höhe bis zu 15 Metern entstanden. Der Hatzelbach entspringt im Schnittlinger Loch und mündet in Spalt in die Fränkische Rezat. Vom Stellplatz auf der Badehalbinsel bei Absberg ist die Wanderung oder Radtour einfach sechs Kilometer lang.

15

HOPFENSTADT SPALT

Der Hopfenanbau in Spalt ist seit 1341 urkundlich belegt, und auch heute noch ist die 1200 Jahre alte Stadt nicht nur die Hopfenmetropole Nordbayerns, sondern der ganzen Welt. Ein Spaziergang durch die historische Altstadt führt am **barocken Rathaus** und an der **Stiftskirche Sankt Nikolaus** vorbei, in der Stuckarbeiten von Meistern der Wessobrunner Schule zu sehen sind. Reste der Stadtmauer, der **Obere Torturm**, der **Arrestturm** und andere Türme gehörten zur Stadtbefestigung aus dem 14. Jahrhundert.

Das fotogene **Schlenzger-Haus** am Spitzenberg ist ein in die Stadtmauer integriertes Fachwerkhaus. Viele Häuser erinnern an den Hopfenanbau, denn in den mehrstöckigen Dachgeschossen wurde der Hopfen getrocknet und gelagert. Ein besonderes Schaustück ist das **Hopfengut Mühlreisig** aus dem Jahr 1746, das zwei Kilometer von Spalt links der Staatsstraße St2223 in Richtung Wassermungenau steht. Vielleicht das imposanteste Gebäude in Spalt ist aber das ehemalige **Kornhaus** aus dem frühen 15. Jahrhundert. In dem Bauwerk sind heute das **Hopfen- und Biermuseum »HopfenBierGut«** und die Tourist-Information untergebracht. Besucher erleben und schmecken im Museum die Spalter Hopfen- und Bierkultur. Allein schon das enorm starke Gebälk des Dachstuhls lohnt den Besuch. Um die Hopfen- und Bierstadt Spalt liegen im Hügelland typisch fränkische Bauern- und Hopfendörfer, die zu Wanderungen und Radtouren animieren.

◀ Blick vom ehemaligen Kornhaus zur Kirche Sankt Nikolaus

▶ Das Hopfengut Mühlreisig besitzt einen gewaltigen Dachstuhl.

An der Pflugsmühle stehen gutmütige Ponys.

Tipp

Die Pflugsmühle, erstmals 1488 erwähnt, ist ein beliebtes Ausflugsziel inmitten der Natur. Im Biergarten erleben die Gäste bei Brotzeit und Bier fränkisches Lebensgefühl, während die Kinder am Zaun der Pony-Koppel stehen. Pflugsmühle 1 b, 91183 Abenberg, Tel. 09873/979 80, www.pflugsmuehle.de

GUNZENHAUSEN AM ALTMÜHLSEE

Das geschichtsträchtige Gunzenhausen liegt am Limes und am Altmühlsee und gilt als Zentrum im Fränkischen Seenland und zugleich als Tor zum Naturpark Altmühltal. Im Jahr 823 wurde das Kloster »Gunzinhusir« erstmals urkundlich genannt. Überreste von drei Wachttürmen bezeugen noch heute die besondere Bedeutung des römischen Grenzortes. Zwei Schlösser in der Stadt stammen aus der Zeit der Markgrafen.

Das Stadtbild prägen drei Türme: der **Blasturm**, der **Storchenturm** und der **Färberturm** aus dem 15. bzw. 14. Jahrhundert. Der Altmühlsee vor der Stadt ist nicht nur Freizeitgebiet mit Ausflugsschiff. Vom Beobachtungsturm auf der **Vogelschutzinsel** lassen sich Wasservögel unterschiedlicher Art beobachten. Gunzenhausen ist zudem Ausgangspunkt für 800 Kilometer markierte Radwege um den Altmühlsee und ins Altmühltal. Am Altmühlsee gibt es fünf Campingplätze und Stellplätze.

Im Renaissanceschloss Ratibor ist das Museum für Stadtgeschichte untergebracht.

FACHWERKSTADT ROTH

Die Altstadt von Roth ist reich an Zeugnissen vergangener Zeiten. Malerische Gassen und Plätze sind von Fachwerkhäusern eingerahmt. Am Marktplatz steht mit der Hausnummer 43 eines der schönsten Fachwerkhäuser Frankens auf einem mittelalterlichen Kellergewölbe: das Riffelmacherhaus aus dem 17. Jahrhundert. Das Bürgerhaus mit der Nummer 39 gegenüber dem Markgrafenbrunnen besitzt einen ausdrucksvollen Giebel.

Am Kirchplatz ragt die spätgotische Stadtkirche aus dem 16. Jahrhundert mit älterem romanischen Turm aus einer Vorgängerkirche empor. 1738 wurde sie im Markgrafenstil umgebaut. Das Wahrzeichen der Stadt Roth ist **Schloss Ratibor** im Südwesten der Altstadt. Das Markgrafenschloss wurde im Stil der deutschen Frührenaissance aus dem 16. Jahrhundert erbaut. Ein späterer Besitzer ließ es im Stil der Spätrenaissance neu gestalten. Im Schloss sind die Touristinformation und das Museum Schloss Ratibor, das sich unter anderem mit der wechselvollen Stadtgeschichte auseinandersetzt, untergebracht. Roth verfügt auch über einen anspruchslosen Stellplatz an der Hilpoltsteiner Straße 93.

Tipp

Im historischen Eisenhammer Eckersmühlen aus dem 18. Jahrhundert erleben Besucher altes Schmiedehandwerk zum Anfassen. Die Hämmer werden mit Wasserkraft angetrieben, und lederne Transmissionsriemen übertragen die Energie. Eine Ausstellung zeigt den Weg »Vom Erz zum Eisen«. Eisenhammer 1, 91154 Roth-Eckersmühlen, www.landratsamt-roth.de/eisenhammer?sub=museen

15

BURGSTADT HILPOLTSTEIN

Das malerische Städtchen Hilpoltstein nahe dem Rothsee ist Teil des Fränkischen Seenlandes. Die Herren von Stein ließen vor 1000 Jahren hier eine Burg erbauen, die noch heute das Stadtbild prägt. In der historischen Altstadt schmücken fränkische Fachwerkhäuser die Ansichten. Das **Rathaus** mit Fachwerkobergeschoss am Beginn der Marktstraße wurde 1417 als Handelshaus errichtet. Gegenüber steht die **Stadtkirche Sankt Johannes**, ebenfalls aus dem 15. Jahrhundert, und davor die Touristinformation in der **Residenz** aus dem 17. Jahrhundert.

Das **Museum »Schwarzes Roß«** in der Marktstraße 10 zeigt Reste einer der ältesten Weißbierbrauereien Bayerns aus dem 16. Jahrhundert und Sammlungen zur Stadtgeschichte. Der ehemalige **Getreidekasten** unterhalb der Burg wurde 1473 errichtet. Die **Burgruine Hilpoltstein** geht auf staufische Bauten aus dem 12. und 13. Jahrhundert zurück. Doch bereits im 10. Jahrhundert gab es eine erste Befestigung auf dem Burgberg. Reste der mittelalterlichen Stadtmauer mit dem Döderleinsturm umfassen die schmucke Altstadt. Die Einwohner halten die Geschichte und ihre Traditionen beim jährlichen Mittelalterfest in Ehren.

◀ Eingang zur Burgruine Hilpoltstein ▶ Die Burg ist eine Gründung der Staufer.

15

PAPPENHEIM

Die Geschichte der Burg und Stadt Pappenheim hängt seit dem 11. Jahrhundert mit dem Reichsministerialengeschlecht des Hauses Pappenheim zusammen. Die in vielen Teilen unversehrte Altstadt und die mittelalterliche Stadtmauer spiegeln sich in der malerischen Schleife der Altmühl, und rund um die Stadt dehnt sich die unverfälschte Landschaft des Naturparks Altmühltal aus.

Am Marktplatz dominiert gegenüber dem Rathaus das klassizistische **Neue Schloss**. Der berühmte bayerischen Hofarchitekt Leo von Klenze entwarf den Plan für den Bau aus dem Jahr 1822. Auf der Brücke über die Altmühl führt der Weg zum kunsthistorisch bedeutendsten Bauwerk der Stadt. In der Straße Dechantshof steht die karolingische Kirche **Sankt Gallus** aus dem 9. Jahrhundert. Sie ist einer der ältesten Sakralbauten Frankens mit Wandmalereien aus dem 13. Jahrhundert. Die einfachen, aber starken Formen des Innenraums fördern die innere Einkehr und Meditation.

Die **Burg Pappenheim** steht auf einem Felssporn in der Altmühlschleife über der Stadt. Ihr Bergfried bietet eine einmalig schöne Aussicht über die Dächer der Stadt. Die Burg wurde im 12. Jahrhundert von den Reichsministerialen von Pappenheim gegründet und später erweitert. Das Historische Museum in der Burg zeigt die Geschichte der Stadt, die

◀ Das Neue Schloss in Pappenheim ist ein klassizistischer Bau.

▶ Die karolingische Kirche Sankt Gallus stammt aus dem 9. Jahrhundert.

Aussicht von der Burg über Pappenheim

Historie der Burg und die Familiengeschichte des Hauses Pappenheim auf. Berühmt ist Pappenheim auch aufgrund der Worte »Daran erkenn ich meine Pappenheimer«, die Friedrich Schiller den Grafen zu Pappenheim in seinem Drama »Wallensteins Tod« sagen lässt, der damit deren Mut und Kühnheit herausstellen will. Noch heute werden diese geflügelten Worte – wenngleich in anderer Bedeutung – verwendet. Feldmarschall Gottfried Heinrich Graf zu Pappenheim führte im Dreißigjährigen Krieg seine Kürassiere zu vielen Siegen.

RÖMERSTADT WEISSENBURG

Weißenburg ist ehemalige Römer- und Reichsstadt mit einigen interessanten Boden- und Baudenkmälern aus der Römerzeit und dem Mittelalter. In der Altstadt Weißenburgs sind verträumte Ecken und Plätze des Genusses zu finden. Ein Spaziergang um die gut erhaltene Stadtmauer zeigt idyllische Ansichten, etwa am **Seeweiher** oder im **Schießgraben**. An der Stadtmauer sind noch 38 Türme erhalten. Das **Ellinger Tor** im Norden der Altstadt gilt als eines der schönsten Stadttore Deutschlands. Ursprünglich entstand es um das Jahr 1200, wurde aber immer wieder umgebaut, daher zeigt es

Am idyllischen Seeweiher vor der Weißenburger Stadtmauer

heute auch Elemente der Renaissance. Wir gehen auf der Ellinger Straße in die Altstadt und kommen zur gotischen Kirche Sankt Andreas, die 1327 auf den Fundamenten einer früheren romanischen Kirche erbaut wurde. Am Doktor-Martin-Luther-Platz steht vor der alten Lateinschule aus dem 16. Jahrhundert das Luther-Denkmal.

Am Platz findet sich auch das Römermuseum, in dem Besucher Einzelheiten zum Leben im Hinterland des Limes erfahren. Der spektakuläre Weißenburger Römerschatz besteht aus mehr als hundert Teilen wie Götterstatuen, Votivtafeln und Gegenständen des Alltags. Und das Reichsstadtmuseum zeigt den Besuchern thematisch die Geschichte der Stadt Weißenburg. Durch die Rosenstraße kommen wir zum Marktplatz mit dem 1476 erbauten Alten Rathaus. Auf der Südseite steht der Schweppermannsbrunnen, der sich auf eine Sage bezieht. Das Lebküchnerhaus ist ein sehr schmales Fachwerkgebäude aus dem 16. Jahrhundert. Nicht nur in der Luitpoldstraße stehen spätmittelalterliche Fachwerkhäuser und barocke Bürgerhäuser – die gesamte Altstadt von Weißenburg ist denkmalgeschützt und fordert zu Entdeckungen auf.

15

BAUDENKMÄLER ERWANDERN Zwei Kilometer vom Marktplatz nach Westen findet man in der Straße Am Römerlager die Reste des römischen Kastells Biriciana und in der Straße Am Römerbad die Thermen. Drei Kilometer weiter nach Osten erreicht man auf dem Bergkegel die Wülzburg aus dem Jahr 1588, von der sich Besuchern eine herrliche Aussicht bietet. Die Renaissancefestung wurde in pentagonaler Form mit fünf Bastionen erbaut. Der urige Burgwirt im Innenhof lädt zur Einkehr. www.museen-weissenburg.de, www.burgwirt-wuelzburg.de

Tipp

Eine einzigartige Sehenswürdigkeit ist die Fossa Carolina im Dorf Graben in der Karlsgrabenstraße, nördlich des mittelalterlichen Treuchtlingen. Der »Karlsgraben« ist das bedeutendste Bodendenkmal in Franken aus karolingischer Zeit. Er war 793 der erste Versuch, über die Flüsse Rhein und Donau die Nordsee mit dem Schwarzen Meer zu verbinden. Über die schließlich abgebrochenen Arbeiten des Mega-Projekts Karls des Großen, das heute noch Rätsel aufgibt, kann man sich im Museum Treuchtlingen informieren. www.museum-treuchtlingen.de

Der Karlsgraben war im Jahr 793 eine Großbaustelle.

AUF EINEN BLICK

Info

STADT/REGION: Fränkisches Seenland, Naturpark Altmühltal
BESTE REISEZEIT: April bis Oktober
OPTIMALE REISEDAUER: 2–3 Tage
TOURISTINFO: Hafnermarkt 13, 91710 Gunzenhausen, Tel. 09831/50 01 20, info@fraenkisches-seenland.de, www.fraenkisches-seenland.de

SEHENSWÜRDIGKEITEN

SEEN IM FRÄNKISCHEN SEENLAND: www.fraenkisches-seenland.de, www.msbrombachsee.com
HOPFEN- UND BIERMUSEUM »HOPFENBIERGUT« SPALT: www.hopfenbiergut.de
SCHLOSS RATIBOR, ROTH: www.schloss-ratibor.de
BURG HILPOLTSTEIN, MUSEUM SCHWARZES ROSS: www.hilpoltstein.de
BURG PAPPENHEIM UND HISTORISCHES MUSEUM: www.pappenheim.de
MUSEEN WEISSENBURG: www.museen-weissenburg.de
NATURPARK ALTMÜHLTAL: www.naturpark-altmuehltal.de, www.altmuehlsee.de

STELLPLATZ BADEHALBINSEL ABSBERG

ADRESSE: Badehalbinsel 5, 91720 Absberg, Tel. 09144/571, mail@zv-brombachsee.de, www.zv-brombachsee.de
ANFAHRT: Auf der A6 Ausfahrt 55 Schwabach-West und auf der B466 nach Absberg.
GPS: 49°08'13.3"N, 10°52'06.1"E
Die teilweise beschatteten Wiesenplätze liegen am Kleinen Brombachsee. Der Platz ist von April bis Oktober geöffnet und mit Strom, Ver- und Entsorgungsstationen, Dusche und WC ausgestattet. Er hat einen Badestrand, eine Bootsvermietung und einen Biergarten. Im Bereich der Fränkischen Seen gibt es über 20 Camping- oder Stellplätze (www.fraenkisches-seenland.de/camping).

Der Rothsee ist ein Eldorado für Wassersport-Begeisterte.

STELLPLATZ ROTHSEE

ADRESSE: Am Rothsee 13, 91161 Hilpoltstein, Tel. 09171/81 43 10 info@rothsee.de, www.rothsee.de

ANFAHRT: Auf der A9 Ausfahrt 55 Allersberg und auf der St2225 an den Rothsee.

GPS: 49°12'32.0"N, 11°11'13.7"E

Der ganzjährig geöffnete Platz liegt am Rothsee mit Badestrand und Wassersportmöglichkeiten. Es gibt Stromanschlüsse und eine Ver- und Entsorgungsstation. Hilpoldstein ist 2,5, Roth zehn Kilometer entfernt. Direkt am nahen Main-Donau-Kanal gibt es ebenfalls einen Stellplatz (www.hilpoltstein.de).

NATUR CAMPING PAPPENHEIM

ADRESSE: Badweg 1, 91788 Pappenheim, Tel. 09143/12 75, info@camping-pappenheim, www.camping-pappenheim.de

ANFAHRT: Auf der A9 Ausfahrt 58 Altmühltal und auf der St2228 und B13 nach Pappenheim.

GPS: 48°56'04.3"N, 10°58'09.5"E

Der von April bis Oktober geöffnete Wiesenplatz ist teilweise beschattet und liegt direkt an der Altmühl. Es gibt Stromanschlüsse, Ver- und Entsorgungsstation, Duschen und WC. In die historische Stadt mit Geschäften und Gasthäusern und zur Burg sind es 700 Meter. Als Aktivitäten bieten sich Wanderungen auf dem Altmühltal-Panoramaweg, Radtouren und Wassersport auf der Altmühl an. Zur Römerstadt Weißenburg sind es 16 Kilometer.

ORTS- UND SACHREGISTER

CAMPING- UND STELLPLÄTZE

IMPRESSUM

Verantwortlich: Kerstin Thiele
Lektorat: Helga Peterz
Layout- und Umschlaggestaltung:
Helene Schumacher
Satz: Silke Schüler
Repro: LUDWIG:media
Kartografie: Huber Kartografie
Herstellung: Anna Katavic
Printed in Turkey by Elma Basim

Unser komplettes Programm finden Sie unter www.bruckmann.de

★★★★★

Sind Sie mit diesem Titel zufrieden? Dann würden wir uns über Ihre Weiterempfehlung freuen. Erzählen Sie es im Freundeskreis, berichten Sie Ihrem Buchhändler, oder bewerten Sie bei Onlinekauf. Und wenn Sie Kritik, Korrekturen, Aktualisierungen haben, freuen wir uns über Ihre Nachricht an Bruckmann Verlag, Postfach 40 02 09, D-80702 München oder per E-Mail an lektorat@verlagshaus.de.

Aus Gründen der besseren Lesbarkeit verwenden wir in diesem Buch das generische Maskulinum. Weibliche und anderweitige Geschlechter-Identitäten werden dabei ausdrücklich mitgemeint, soweit es für die Aussage erforderlich ist.

Bildnachweis: Die Bilder im Innenteil und auf dem Umschlag stammen vom Autor, außer: 52: © Info Würzburg; 62: © Info Bad Staffelstein; 97: Info Forchheim; 129: © Info Fürth; S. 130 r.: © Stadt Erlangen; 144: © Info, T. Linkel; 146: © Rothenburg Info, W. Pfitzinger; 149, 150, 151: © Info, I. Wenzel

Umschlagvorderseite: lookphotos / Wagner, Hanna: Marktbreit, Malerwinkel
Umschlagrückseite: shutterstock/margouillat photo

Die Deutsche Nationalbibliothek verzeichnet diese Publikation in der Deutschen Nationalbibliografie; detaillierte bibliografische Daten sind im Internet über http://dnb.d-nb.de abrufbar.

ISBN 978-3-7343-2432-1